大众休闲体育运动文化理论与实践探索

郝 俊◎著

吉林出版集团股份有限公司
全国百佳图书出版单位

图书在版编目（CIP）数据

大众休闲体育运动文化理论与实践探索/郝俊著. -- 长春：吉林出版集团股份有限公司，2024.4
ISBN 978-7-5731-5126-1

Ⅰ.①大… Ⅱ.①郝… Ⅲ.①群众体育—休闲体育—体育文化—研究—中国 Ⅳ.① G812.4

中国国家版本馆 CIP 数据核字（2024）第 111078 号

大众休闲体育运动文化理论与实践探索
DAZHONG XIUXIAN TIYU YUNDONG WENHUA LILUN YU SHIJIAN TANSUO

著　者	郝　俊
责任编辑	赵　萍
封面设计	李小锋
开　本	710mm×1000mm　　1/16
字　数	200 千
印　张	13.5
版　次	2025 年 1 月第 1 版
印　次	2025 年 1 月第 1 次印刷
印　刷	天津和萱印刷有限公司
出　版	吉林出版集团股份有限公司
发　行	吉林出版集团股份有限公司
地　址	吉林省长春市福祉大路 5788 号
邮　编	130000
电　话	0431-81629968
邮　箱	11915286@qq.com
书　号	ISBN 978-7-5731-5126-1
定　价	83.00 元

版权所有　翻印必究

前　言

随着科学技术的发展，休闲成为人们面临的一个重要问题。如今，休闲体育风靡全世界，实践早已走在前面。如何让体育伴随人们的一生，让体育带给人们幸福和快乐，让体育成为人们宣泄压力、寻求健康的路径，是体育工作者要解决的问题。

休闲是当代的一个重要社会问题。休闲体育是人们在闲暇时间以增进身心健康、丰富和创造生活情趣、完善自我为目的的身体锻炼活动。休闲体育是人们度过闲暇时光的一种健康、文明的娱乐活动，它对于引导人们建立健康的生活方式有重要的作用。休闲体育的发展还有利于全民健身运动的深入开展，有利于社区体育的开发，有利于终身体育目标的实现，有利于社会主义和谐社会的建设。

本书共计十章：第一章，休闲理论概述；第二章，休闲的方式；第三章，体育运动；第四章，休闲体育运动概述；第五章，休闲体育文化的构建；第六章，不同群体的休闲体育活动；第七章，休闲体育运动实践的理论知识；第八章，现代人的休闲体育生活；第九章，运动休闲服务的管理；第十章，运动休闲项目的管理。

由于作者的能力和学术水平的限制，本书在内容体系的结构设计、研究成果的引用和分类、前人研究观点的总结等方面还存在不足之处，请广大同行及读者予以批评指正。

作者在写作过程中引用了大量专家、学者的研究成果，已在各章的参考文献中分别予以列注，在此向所有文献的原作者表示感谢，如有遗漏没有列出，也请予以原谅。

目 录

第一章 休闲理论概述 … 1
第一节 休闲理论的产生与发展 … 3
第二节 休闲的界定及内涵分析 … 5
第三节 关于休闲的不同观点及其相关研究 … 8
第四节 休闲的特质及基本构成要素 … 14
第五节 休闲的必要性及其影响因素 … 15
第六节 休闲的功能分析 … 17
第七节 现代休闲的发展趋势 … 18

第二章 休闲的方式 … 19
第一节 不同类型的休闲方式 … 21
第二节 现代较流行的休闲方式 … 26
第三节 现代主体的休闲方式 … 31
第四节 体育与休闲的辩证关系 … 33

第三章 体育运动 … 35
第一节 体育运动的作用 … 37
第二节 体育运动的内容与方法 … 38
第三节 体育运动中的自我防护 … 41

第四章 休闲体育运动概述 ... 45
第一节 休闲体育运动的界定与内涵 ... 47
第二节 休闲体育运动的特点与分类 ... 51
第三节 休闲体育运动的发展与功能 ... 58

第五章 休闲体育文化的构建 ... 67
第一节 休闲体育与不同类型文化的互动 ... 69
第二节 休闲体育文化的影响因素 ... 71
第三节 休闲体育规范 ... 77
第四节 休闲体育教育 ... 79

第六章 不同群体的休闲体育活动 ... 85
第一节 老年人的休闲体育活动 ... 87
第二节 女性的休闲体育活动 ... 92
第三节 少年儿童的休闲体育活动 ... 95

第七章 休闲体育运动实践的理论知识 ... 99
第一节 休闲体育运动的营养知识 ... 101
第二节 休闲体育运动的运动损伤知识 ... 106
第三节 休闲体育运动的安全卫生知识 ... 114
第四节 休闲运动与营养的科学规划 ... 120

第八章 现代人的休闲体育生活 ... 127
第一节 休闲与工作 ... 129
第二节 休闲体育与生活质量 ... 131
第三节 休闲体育与和谐社会 ... 136

第九章 运动休闲服务的管理 ... 141
第一节 运动休闲服务的定义与内涵 ... 143

第二节　运动休闲服务的需求与供给 ·· 147
　　第三节　运动休闲服务的质量管理 ··· 150

第十章　运动休闲项目的管理 ·· 159
　　第一节　运动休闲项目管理概述 ·· 161
　　第二节　运动休闲项目的计划 ··· 169
　　第三节　运动休闲项目的组织与实施 ·· 187
　　第四节　运动休闲项目的评估 ··· 195

参考文献 ··· 203

第一章 休闲理论概述

本章介绍了休闲理论的相关内容，阐述了休闲理论的产生与发展、休闲的界定及内涵分析、关于休闲的不同观点及其相关研究、休闲的特质及基本构成要素、休闲的必要性及其影响因素、休闲的功能分析以及现代休闲的发展趋势。

第一节 休闲理论的产生与发展

人类对于休闲的认识可以追溯到古希腊的亚里士多德，他认为休闲是"一切事物环绕的中心"[①]。他的这一思想后来成为西方休闲文化的传统，并为最近一百年里对休闲进行的学术性研究奠定了基础，促进了休闲学科体系的形成。休闲学产生于美国，其标志是1899年托斯丹·本德·凡勃伦发表的《有闲阶级论》。他主要是从经济学角度研究休闲的，他提出休闲已成为一种社会建制，成为人的一种生活方式和行为方式。他在著作中一系列的分析，就是试图揭示休闲和消费是如何联系在一起以及其中的内在规律性。凡勃伦的主要观点可以概括为以下几方面：第一，休闲是一种阶级的社会象征；第二，"炫耀性消费"是一种社会属性；第三，消费生活方式的仿效；第四，消费规范的淘汰作用。

从20世纪50年代起，休闲问题在西方发达国家引起了社会学家和经济学家的极大关注，那时，最有影响的代表作是美国里斯曼的《孤独的人群》（1950）和伯杰的《闲暇社会学》（1962）。两位作者分别在书中明确提出了"大众消费"和"大众文化"的新观点，并将休闲问题的研究纳入文化社会学的范畴。社会学家杜马齐德在1967年就已明确指出，休闲已经是"一种新的、个人是自己的主人并使自己感到愉快的社会需要"[②]。法国著名的社会学家J.迪马瑞杰在《法国的闲暇社会学》一文中，在对人类休闲行为造成的巨大社会影响进行系统分析以后，认为休闲使现代社会的价值观念发生了一系列新的变化：第一，个人解放的价值观得到加强；第二，人们的社会关系在变化；第三，人与自然的关系也在变化。

随着人们劳动时间和休闲时间的重新组合和分配，休闲问题不仅引起了学术界的广泛重视，也成为各国政府和有关国际组织高度关注的国际性问题。1956年，在联合国的帮助下，在国际范围内首次进行了大规模的休闲问题调查。鉴于休闲科学理论的迅速发展，1967年国际社会学会决定成立休闲研究委员会，次年又建立了国际休闲研究中心。1970年，在比利时首都布鲁塞尔召开了国际闲暇会议，

[①] 路洋.古希腊人的"休闲"[J].思维与智慧，2017（3）：43-46.
[②] 吕勤.城市居民休闲行为的实证研究[M].北京：中国旅游出版社，2008.

出席会议的有来自世界上 30 多个国家的大约 500 名休闲问题研究专家和政府官员。会议期间，代表们对休闲问题进行了充分的探讨和阐述，通过了著名的《休闲宪章》。

《休闲宪章》指出："消遣时间是指个人完成工作的满足生活要求之后，完全由他本人自己支配的一段时间。这段时间的使用是极其重要的，消遣和娱乐为补偿当代生活方式中人们的许多要求创造了条件，更为重要的是它通过身体放松，竞技，欣赏艺术、科学和大自然，为丰富生活提供了可能性。无论在城市和农村，消遣都是重要的，消遣为人们提供了激发基本才能的变化条件：意志、知识、责任感和创造能力的自由发展。消遣时间是一种自由的时间，但在这个时间里，人们能掌握作为人和作为社会的有意义的成员的价值"[1]。这段话高度概括了休闲在当代人生活中的重要性，一是补偿消耗，二是丰富生活，三是激发才能，四是体现人的价值。《休闲宪章》的颁布，对于在全球范围内进一步推动休闲活动的发展，提高人类的生活质量，尊重人类追求休闲娱乐等自我发展的权利，起到了积极有益的保障作用。

从 20 世纪八九十年代起，美国学术界对休闲的研究进入了一个新的阶段，诞生了一批引人关注的学术成果，而《走向自由——休闲社会学新论》《女性休闲——女性主义的视角》《人类思想中休闲》《你生命中的休闲》《21 世纪的休闲与休闲服务》是其中的代表作。杰弗瑞·戈比在《21 世纪休闲与休闲服务》一书中，从未来学的角度对休闲的经济影响进行了重点阐述，认为在 21 世纪休闲的中心地位会得到加强，休闲的经济意义将日益增加，休闲会成为经济发展的重要力量，休闲消费将转变成就业机会，在经济产业的结构中休闲产业的从业人员的比例将大大增加，休闲服务将从标准化、集中化转向个性化的服务。

对休闲的普遍关注，约在工业革命以后。但是，休闲作为一种生存状态一直伴随着人类的发展与进步，人们从来就没有放弃对休闲的追求。通过对毛利文化、澳大利亚土著居民以及南非部落的研究证实：每天用于满足这些原始社会居民的简单生活的物质需要的生产时间常常只需几个小时就够了，而他们专门用于休闲的时间并不比现代社会居民少，更不用说在前工业社会里劳动和休闲往往不存在严格的界限，而是"朴素地混为一体"。

---

[1] 沈芸. 休闲体育与全民健身研究 [M]. 西安：西安交通大学出版社，2017.

进入工业革命时期，由于工业化和组织化使劳动与休闲进一步分化，工作和劳动被当作生活的中心，普通居民所能享有的休闲数量逐渐减少。特别是时钟的发展与时间分配的制度化，使得在生活时间结构中劳动时间和休闲时间进一步对立起来。也正是在这一时期，休闲开始作为一种权利被提出来，普通大众通过争取缩短工时以获得更多休闲的可能。

20世纪则见证了休闲的根本变化，不仅人们的休闲时间在这一百年中获得普遍的增长，更重要的是休闲方式与整个社会的休闲价值观发生了巨大的变化。

以上诸因素的产生应当归因于整个社会经济的发展与科技的进步。尤其是第二次世界大战以来，技术进步提高了劳动生产率，缩短了同等价值的创造时间，使得在社会总体财富和个人可自由支配收入不断增长的同时，缩短工作时间成为现实。技术的进步也将越来越多旨在降低家庭劳动强度和缩短家务劳动时间的家用设备带入家庭，收入的提高和工作、家务等劳动时间的缩短让人们能够有更多的自由时间和更多的可自由支配的收入用于休闲。

另外，技术进步带来了交通方式的更新和机动化交通工具的普及，大大扩展了人们的活动空间，扩大了人们在同样时间里开展休闲活动的范围。

最后，社会财富和个人收入的增加、技术进步以及交通的发展、休闲能力的提高等因素综合起来，都促进了整个社会范围的休闲活动的普及，休闲方式的多样化与休闲活动空间的复杂化，以及社会休闲观念的变化。

第二节 休闲的界定及内涵分析

一、休闲的界定

虽然人们对"休闲"已有了一个大体相同的认识，但还没有形成一个统一的定义。其中，罗歇·苏在《休闲》一书中对休闲的定义是："休闲首先是独立于可能填补这一自由支配时间的活动的空闲时间"[①]。也就是说，休闲首先是作为一种

---

① 罗歇·苏.休闲[M].北京：商务印书馆，1996.

时间的概念，其基本性质在于是可以自由支配的；其次，休闲指根据个人的愿望和爱好所自由选择的活动。抛开休闲活动的内容和其所需的时间，休闲首先是一种心理态度，任何自由选择的，并为个人在活动过程中能谋得自由感受的活动都属于休闲。

不同学科对于"休闲"也给出了不同的理解和界定。例如，社会学对于休闲的关注首先来自对工作与闲暇相互关系的关注，在这里，休闲更多的是作为一种时间的概念与闲暇相等同。旅游学则从旅游的角度对休闲进行了界定：游憩被界定为人们在闲暇时间内所从事的活动，这里的游憩实际上就是对休闲的广义理解。游憩首先在于闲暇，在于满足个人工作、睡眠以及其他基本需求、义务外的可自由支配时间。在游憩活动中，旅游是人们在这段时间内可选择的多种游憩方式的一种，其活动时间在 24 小时以上，而活动时间在 24 小时以下的日常游憩活动与一日游被界定为休闲。

尽管不同学者对休闲的理解各有侧重，但都认同一点：无论在时间概念、活动概念还是心理态度层次上，其本质在于自由支配与自由选择。我们认为，对休闲的理解，应该从时间和活动两个不同层次来展开。休闲活动与休闲时间是两个不可分的概念。

从时间的角度来看，一个人的日常生活中总要从事各种不同的活动，这些活动都会花费相应的时间。因此，一个人的生活时间就是由各种必要活动所占据的必需时间及除此之外的休闲时间共同构成的。休闲时间就是个人生活时间中除去生理必需时间（如睡眠、饮食、洗漱时间等）和社会必需时间（如工作、家务劳动时间等）之外的那一部分生活时间。作为个人生活时间的一部分，休闲时间是人们可以自由支配的空闲时间，但休闲时间绝不等同于空闲时间。

与此相对应，广义的休闲活动就是指个人在休闲时间内所进行的一切活动，相当于前面所说的"游憩"的概念。从这一意义上说，个人休闲活动的开展首先受制于拥有可自由支配时间的多少。为满足生理需要的必要时间花费、被家庭或社会义务占据的时间、由于工作地与居住地距离变长带来的交通时间延长等等，都会相应地减少用于休闲娱乐的可自由支配时间，从而影响人们在休闲活动方式、场所、空间上的选择。

休闲是一种依照自我的意愿而自由从事的活动，是使人不断发展、不断超越的自由。也就是说，从时间的角度来给休闲下定义就是：休闲是对工作及满足生理需求以外的时间的自由支配。而从行动的角度考虑，休闲则被定义为：在社会情境中，能依据自我的决定，所采取的有意义的行动。休闲行动虽然不是完全受制于社会，但也不能完全脱离社会的影响。此外，从行动的观点看休闲，休闲与工作、家庭没有截然的分界，休闲并非可以割裂的生活领域，休闲是理想的人生境界，需要靠个人对自我、对他人、对事物有清楚的认识，从而作出真诚的选择，并且付诸行动。

二、休闲的内涵分析

何为休闲？在《辞海》中"休闲"的其中一条解释为农田在一定时期内不种作物，借以休养地力的措施。显然，这种解释与现代休闲活动大相径庭。在英语中，单词"recreation"经常被译成休闲，其含义为：一是业余消遣或娱乐；二是身心的放松，休憩。此含义与人们的一般认识较为贴近。但考察它的词源时发现，其原意为再创造、再现、复原。从这个意义上来说，休闲活动不是一般的消遣、娱乐和休养，而是为了恢复身心健康，重新创造生活的一种活动。《韦氏国际词典》中，休闲则被解释为："个人劳动后，恢复体力和精神，使自己快乐，让生活富于变化。"从"休闲"二字的汉字解释上，我国古人早在几千年前就对此有过精辟的阐释，"休"以木而休，强调人与自然的和谐；"闲"，娴静、思想的纯洁与安宁。词义的组合表明了休闲所特有的文化内涵和价值意义。美国国家休闲研究学院主席杰弗瑞·戈比认为："休闲是从文化环境与物质环境的外在压力中解脱出来的一种相对自由的生活，它使人能够在以自己喜好的、本能地感到有价值的方式，在内心之爱的驱动下的行动，并为信仰提供基础"[1]。他认为，休闲不仅是寻找快乐，也要寻找生命的意义，从根本上说，休闲是对生命意义和快乐的探索。这个定义尽管没有提出诸如自由时间、非工作活动、自由感、活动方式等概念，但包含了这些概念所能提示的内容：休闲总是在空闲时间里，相对自由地做自己喜爱的事

---

[1] 高崇. 人工智能社会学[M]. 北京：北京邮电大学出版社，2020.

情或者从事自己喜爱的活动，以获得良好的心态。这也是休闲的本质内涵之所在。还有的国外学者认为，休闲是人的一种直接的、全新生活的体验过程，身体、社会与精神的完全放松是一种合理的休闲，而绝不是无足轻重的。可以看出，休闲不仅仅是一种恢复身心健康状态、丰富和创造生活的闲暇活动，它也是一种以完善和发展自我为目的的闲暇活动。

休闲是人类社会发展的产物，也是社会进步的重要标志。人类社会生产力的提高，促进了休闲时间量的增加，从而使得休闲在人们社会生活中的地位愈加凸显。我国著名学者于光远先生在其文章《论普遍有闲的社会》中指出闲是生产力发展的根本目的之一，闲暇时间的长短与人类的文明进步是并行发展的……从现在看将来，如果不属于闲的劳动时间随着社会生产力的发展能够进一步减少，闲的地位还可以进一步提高，这是走向未来经济高速发展的必经之路。

休闲是一个创造过程。从某种意义上说，休闲是我们对精神财富和物质财富的一种创造过程。充分地享受、珍惜休闲生活是人的一种生活方式，生活态度。人们在休闲生活中，通过人类群体所共有的行为、思想、感情，创造文化氛围，传递文化信息，构筑文化意境，从而达到个体身心和意志全面的、完整的发展。

第三节　关于休闲的不同观点及其相关研究

一、关于休闲的不同观点

休闲的定义很多，因此，也就存在多种不同的休闲观点。下面是几种比较常见的休闲观点：

（一）休闲即自由时间

休闲是工作和生理需求之外的自由时间。

（二）休闲即游憩活动

人们把休闲界定为从事游憩活动，并且尝试将休闲活动给予详细分类。近年来的休闲研究更是归类了各种不同的休闲活动，以分析出各种不同类别的休闲活动所能提供的不同的功能。以外在的活动形式界定休闲，往往忽略休闲的内在价值，因此，会误以为只有从事肢体性的游憩活动才算是休闲。

（三）社会机制的观点

将休闲视为个人体系中的一个重要单元，与家庭、学校、经济、文化等其他社会体系同样重要，共同组成完整的社会体系。

（四）治疗—改变

把休闲当作工具、手段、社会治疗或社会控制。休闲被视为是为了达到某种社会功能或对身心不健全的人产生积极作用的一种社会治疗工作。

（五）反功利论

休闲本身就是目的，不必附属于工作，是一种自我表现和自我实现的满足。

（六）社会学的观点

将休闲与其对立的工作，放于社会架构中，以探讨从事休闲者所建构的社会意义。

（七）认识论的观点

从认识论角度将休闲活动、休闲意义与世界观有效地结合，探讨休闲与人生价值的关系。

（八）人文模式

人文模式是由精英主义发展而来的。将休闲本身视为目的，以古代希腊人和当代中国人为代表，认为休闲即是沉思、艺术，休闲是生命的祈祷、文化的基础。中国人的休闲观就是人文模式的典范。

（九）古典休闲论

古典休闲论认为休闲是自由状态，是心灵的一种境界。亚里士多德认为休闲即为存在的状态，一切休闲活动都是为了休闲本身，休闲是一切行动的首要原则。

（十）整体性的休闲观

整体性的休闲观认为没必要再将休闲和工作对等分立，而应从整体的角度来关注休闲，同时要考虑与休闲有关的各个不同的方面，而不能仅仅从某一个单一方面进行探讨。

二、休闲的相关研究

早在工业社会时期，休闲问题就引起了不少思想家的重视。马克思就曾把闲暇时间与提高劳动者的体力与智力、满足社会交往的需要、使人的个性得到全面发展联系起来。而随着人们生活水平的不断提高，休闲时间不断增多，休闲方式的多样化与休闲活动空间的不断扩展，休闲已成为反映居民生活质量的重要指标之一，也成为社会学、心理学、旅游学、经济学和地理学等诸多学科共同关注的领域。

（一）休闲的社会心理学研究

社会学家和心理学家从19世纪起，从人性的角度解释闲暇的形成机制，并进一步发展到对休闲活动的能力动机和激励寻求的关注。有一些学者则就闲暇的功能提出了平衡补偿理论、休养生息理论、解放理论和划分理论等不同的解释。更多的闲暇社会学研究是从整个社会的生活方式变革出发，以社会生活时间结构变化引发的休闲时间结构变化为研究核心。由于8小时工作制的实施以及工作时间的进一步减少，许多社会学家对人们在8小时以外的自由时间的利用方式表示关注。一些学者不仅对不同职业的休闲方式与休闲文化进行研究，以期为提倡有效的时间利用和健康的休闲方式提供依据，还包括具有明确的实际应用性和政策导向的时间预算研究的发展。可以看出，关于休闲的社会学研究大多是在生活时间结构研究基础上进行的，研究的最终落脚点是居民的生活方式和时间利用，而很少涉及休闲作为一种日常活动本身，对居民休闲活动缺乏更加深入和全面的理解。并且，传统研究中很少涉及空间问题，与区域规划及城市规划的联系不密切。因此，很难为政府和城市规划提供更好的引导和政策性依据。

杰弗瑞·戈比曾指出，"如果有关休闲问题的多学科研究，集中关注人们对休闲的取向、态度、行为、花费以及残疾人和特殊人群给休闲带来的诸多其他问题，那么人们就能够更好地理解休闲"[①]。其中，最为重要的是对休闲行为的研究，并以此获得对居民休闲行为的影响因素、决策机制与过程、休闲活动对城市设施的利用与反映的充分理解。同时，休闲活动与其他活动一样，是同时处在时间和空间中的活动，仅仅关注休闲活动在时间范畴上的特征，同样无法获得对居民休闲活动的全面理解。尤其是城市居民的休闲活动或多或少都要利用一定的城市设施，从而与城市的物质空间发生作用，个人的休闲活动的时空特征无时无刻不与城市生活节奏形成互动，对城市居民休闲活动的研究应当更加关注居民开展休闲活动时的场所选择及表现出的空间特征。

（二）休闲的旅游学探究

旅游学，尤其是旅游地理学加强了对居民休闲活动的空间因素的考察，但在研究中却更多地关注中、长期时间尺度和中、远距离尺度上的居民外出休闲行为，以及社会经济因素对出行能力的影响。这些实证研究对旅游者的旅游决策行为、目的地选择与偏好、旅游者在空间中的流动规律及形成的游憩空间等进行了较为深入的分析。其中，对远距离、长期的旅游行为的关注总是远超过对居民日常休闲活动的关注，即使是中小尺度的游憩行为也以短期的出游活动为主要研究对象，如周末度假行为的研究、近程旅游活动等。而游憩空间上，对旅游流的关注也总是远超过对空间结构本身的关注。在旅游地理学家看来，旅游空间就是一种流动的空间，因此在旅游空间结构模式中对"流"的要素的反映往往比对地理空间分异规律的反映更加重要。

然而，休闲作为衡量居民生活质量的指标之一，其重要性更多地体现在日常休闲活动上。此类研究应通过休闲活动，更好地认识城市居民的生活状态、认识城市的整体活动系统、认识城市内部的空间结构特征，并把关注的焦点放在休闲是居民日常生活活动链的重要一环上。此外，作为居民在自由时间中的活动方式的一种，旅游的时空决策必然要受到来自居民的整体生活时间收支状况的制约，以及受到其他日常休闲活动的时空安排的影响等。并且，大众旅游的兴起，实际

[①] 杰弗瑞·戈比.21世纪的休闲与休闲服务[M].张春波，等，译.昆明：云南人民出版社，2000.

上是人们可自由支配时间增加带来的生活方式变迁的一种直接表现。因此，有必要考察居民的日常休闲活动的时空特征与制约机制，这有助于我们从生活方式的整体角度对旅游活动作出解释，从而获得对旅游者的行为机制的准确认识。

（三）休闲的经济学研究

经济学家从经济学的角度对休闲又做了另一番阐释，休闲就是人们放弃一定的时间和金钱来换取身心的休息、放松和精神消遣的行为，通过有形或无形的价值消费而达到个人心理效用的最大化。并且，有学者的研究表明，我们可以从下面几个方面来理解休闲：第一，社会上的流浪者或失业者无所事事，什么也不做，这种情况不是休闲；从业者在工作之余，即使在家休息，也可认为是休闲。第二，可进一步分析，现代商品社会中，货币是衡量价值的基本单位，人们可以自由休闲，一般是在必需的工作时间（如八小时工作制）以外，当然也可以选择工作时间，但这样的休闲就产生了一个机会成本问题。第三，休闲是无法用价值衡量的。事实上，更多的人是在有一定的工作收入基础上选择休闲，他们虽然失去了获取收入的机会，甚至要向提供休闲服务的机构或个人支付货币，但精神的娱乐对于休闲者来说是不可估量的，它可以使人振作精神，为将来更好地工作、生活提供帮助。

关于休闲的经济学研究，还分别从收入、价格、时间和偏好等方面对休闲的条件进行了研究。作为休闲者来说，没有收入就失去了进行休闲活动的前提，发达国家在人均 GDP 达到 1000 美元时，开始产生休闲消费的需求；当人均 GDP 达到 2000 美元至 3000 美元时，休闲产业得以充分发展。社会的财富积累以及社会生产力的发展对休闲有着根本的影响。同时，休闲消费与休闲产品服务的价格在很大程度上影响着人们的休闲行为。个人的喜好决定着休闲者采取的具体休闲方式。

另外，经济学家还对休闲的效用进行了研究，指出休闲的效用与休闲时间间隔成正比，与工作压力也成正比。高频率地重复某一休闲活动，会逐渐降低休闲的效用，使休闲者心里感到厌恶。休闲组合可以提高休闲的效用，有效的休闲组合对于休闲者能产生"1+1>2"的效用。用经济学解释就是：同样的两种商品，若两种商品加权组合，一定比单一的商品效用高。休闲的效用与普通商品的效用有所不同，如对于一个家庭来说，所有成员共同进行某一休闲活动比单个成员进行休闲活动效用高，具有可叠加性。

（四）我国休闲研究概况

休闲生活是一种社会存在、一种生活方式，它既不同于职业生活和家庭生活，也不等同于社会公共生活，但是休闲生活又渗透于上述几种生活方式之中。从经济学家于光远院士1996年倡导至今，国内休闲的研究引起越来越多的学者关注与参与，同时也产生了一些颇具水准的专著，如最早关注休闲问题的学者王雅林、董鸿扬出版的《闲暇社会学》，王雅林、刘耳、徐利亚的《城市休闲》，刘新平的《休闲中国》，梅墨生的《中国人的悠闲》，李仲广、卢昌崇的《基础休闲学》，等等。2004年10月之后，中国经济出版社相继推出了于光远著的《论普通有闲的社会》，马惠娣著的《走向人文关怀的休闲经济》和《休闲：人类美丽的精神家园》，陈鲁直著的《民闲论》等中国学者休闲研究丛书。这些著作通过对哲学、社会学、经济学多层面的分析与论证，从理论与学术的层面，揭示休闲的本质，让我们思索发展为什么是硬道理，厘清休闲与社会发展的关系，揭示马克思主义与人的全面发展的理论内涵，探讨社会的和谐发展理论新视角。

我国的休闲研究基本上可以分为休闲理论研究和休闲应用研究。休闲理论研究涉及哲学、经济学、文化学、美学、社会学和法学等领域。哲学把休闲与人的本质联系在一起，认为休闲是实现人的自我价值和"精神的永恒性"；经济学从时间、制度考察休闲，侧重于休闲与经济发展的内在联系，根据休闲时间的长短，制定新的经济政策和促进不同方面的消费，调整产业结构，开拓新的市场；文化学的范畴认为休闲是为不断满足人的多方面需要而处于一种文化创造、文化欣赏、文化建构的生命状态和行为方式；美学从心态和存在状态的角度，认为休闲是人们在精神自由中历经审美的、道德的、创造的、超越的生活方式；社会学则从社会建制、人的生存状态角度研究休闲；法学认为休闲是一种社会现象，必须对休闲的权利和义务进行立法，以维护休闲的社会秩序；等等。

休闲的应用研究强调休闲产业发展研究，提出要重视对休闲、休闲产业的现状及其未来发展趋势的研究，休闲产业的发展和产品的开发应具有层次性，统筹兼顾高雅和大众等不同个性人群的休闲需要。休闲文化开发研究从亚文化的角度对休闲文化的功能、价值和开发策略等进行研究，认为休闲文化是精神文明建设的重要组成部分，休闲文化保护研究提出当前要重视农民和少数民族的休闲生活，保护和抢救民间、民俗和少数民族优秀的传统休闲文化。

第四节　休闲的特质及基本构成要素

一、休闲的特质

随着经济的发展、科技的进步，人们的余暇时间不断增加，个人的可支配收入也在不断提高，健康意识逐渐增强。这一系列的变化使得休闲活动在人们的生活中占据着越来越重要的地位。休闲活动为什么能在人们的生活中占据着如此重要的地位呢？现将休闲活动的特质归纳如下：

第一，休闲活动是在闲暇时间进行的自由活动，并非一般的谋生活动或工作；能帮助人们松弛紧张的情绪，增进对自我的认识与了解、能激发自我的潜能、能发掘潜能、培养专长，增进身心平衡，促进身心和谐发展。

第二，休闲活动具有自愿性，并且是能使人感到有乐趣的活动。它能够使人养成良好个人生活习惯，并且建立个人优雅的休闲品位，因此休闲活动并非义务性或强迫性的活动。

第三，休闲活动是具有社会性、建设性、创造性、和谐性、康乐性的活动，参加活动本身就是直接体验欢乐与满足的过程，既健康又快乐。参与休闲活动，是以健康快乐为前提的，能够帮助人们远离消极、颓废的不良生活态度。

第四，休闲活动还是一个学习的过程。通过休闲活动本身就能增进个人的各种知识与技能，增进生活情趣，提升生活品质。

第五，休闲活动具有多元规范性，并且肩负着社会性服务的角色与任务。休闲活动不仅能使人们善度余暇，更能促进人们身心和谐、健康地发展。因此，在人们的日常生活中占据着越来越重要的地位。

二、休闲的基本构成要素

根据前文中对休闲的概念及其内涵的分析我们可以得知,"休闲"至少由以下几个基本要素构成:

(一)自由时间(free time)

这个时间是指个人可以随意支配和使用的时间,即指工作和生活必需时间以外的空闲时间。

(二)活动方式(state of activity)

通常指在尽到职业、家庭与社会职责之后,让自由意志得以尽情发挥的事情,可以是休息,可以是自娱,可以是非功利性地增长知识、提高技能,也可以是对社团活动的主动参与。

(三)精神状态(state of mind)

个人参加活动的全过程所持有的态度、兴趣,以及由此产生的自由感、从容感、愉悦感。

(四)经济能力(economic ability)

在经济社会中,个人所具有的获得生活资料的手段、方法和技能。尤其是指个人可自由支配的收入。

(五)活动空间(space of activity)

没有压力的活动环境,指的是没有工作压力、生活压力以及社会交往压力的环境。

第五节 休闲的必要性及其影响因素

一、休闲的必要性及条件

(一)休闲的必要性

休闲已逐渐成为人们闲暇时间的主要活动内容,那么,我们究竟为什么要休闲呢？一个成熟的企业家，能够预见到企业的发展必然充满激烈的竞争。而竞争说到底，是能力与体力的较量。日本有关专家曾做过一项调研，发现当问及企业的高级管理者："自己成为最高负责人的首要条件是什么？"多数人的回答是身体健康。为什么不回答说是因为自己有这个能力呢？这绝对不是谦逊的礼让。现实是，人到中年，由于体力逐渐下降，整体能力也会随之减退。无论多么优秀、多么有能力的人，没有健康的身体，都会使能力不能充分发挥。如果疾病缠身，工作再顺利也会受影响。

健康是做好任何事的基本前提。而休闲可以使我们在身体上、生理上、心理上都处于最佳的状态。帮助人们建造完美的生命里程、感受生命的价值，提高生命的质量。一份美好的心情比良药更能解除生理上的痛楚和疲惫。休闲是生命活动的需要，是生理需要，是享受的需要和发展需要的综合体现。随着社会发展，现代人认为建造、完善生命过程，感受生活的价值，需要休闲；享受生活乐趣，提高生命价值，更需要休闲。人们越来越认识到，提高生活质量，健康是关键，而健康包含着身体的建造、心灵的修炼，达到生理上、心理上、社会适应上的完好状态，为了追求健康，需要休闲。

（二）休闲的条件

据调查，很多人的休闲活动在室内主要为看电视，在室外则以到风景区旅游为最大需求，以至于形成了较为狭窄的休闲认知和行为，忽略了休闲的怡情养性功能，无法享受休闲生活的乐趣。我们在经济富裕和闲暇时间增多之后，亟待建立正确的休闲认知与态度。

休闲活动的种类和项目繁多，又没有明显的时空限制。因此，休闲活动的从事要基于一定的条件而定，如个人的生活作息习性、个人的生活环境、个人的工作条件、个人的认知观念。

二、影响休闲的因素

休闲作为一个个人问题和社会问题而存在，来自社会和个人层面的因素都会影响个人休闲活动的开展。个人层面上，诸如性别、年龄、收入、职业、受教育程度等各种社会、经济属性因素都会对个人选择休闲方式与休闲场所的偏好与能力产生影响。社会层面上，如前文所述的社会财富增加、技术进步、交通便捷化与交通工具私人化、家用电器深入家庭、休闲活动的普及化、社会价值观的变化等因素不仅影响整个社会的休闲观念和休闲方式的整体去向，更会影响个人的休闲时间总量以及在这些时间内的休闲方式选择，并在休闲活动表现出的时空特征上得到反映。

第六节 休闲的功能分析

休闲对于个人成长、社会发展与经济繁荣等有其正面的功能。主要的功能如下：

第一，休闲时间和生产量的增加。在长时间的工作后，短暂的休闲可以调剂身心，提高生产效率。因此，公司内有"点心时间、咖啡时间"，以松弛员工的情绪，提高工作士气。

第二，休闲时间与消费量的增加。休闲时间的增加，休闲活动的物品需求也不断增加，这样就促进了休闲产业（如观光、旅游、运动）的不断发展。

第三，休闲时间与个人的健全发展。经由良好休闲活动的安排，可在休闲活动中获得自我意识，比较自由地参与团体，表现自我，促进自我的发展。

第四，休闲时间可获得工作以外的满足，如运动健身、书法作画、文艺写作、棋艺、品茗等活动。

第五，休闲时可扩展生活经验，如观光旅游、文艺活动、古迹巡礼、民俗技艺等。

一、休闲的社会功能

休闲的功能对不同的时代、社会、个人，以及运用时间的多寡、方式等各有不同的意义。因此，休闲的主要社会功能概括如下：

第一，人们参与休闲活动的过程，也是接受社会化教育的过程。

第二，通过参与休闲以扩展视野、培育休闲态度、学习休闲知识与技能。

第三，参与休闲可以促进人际关系和社会互助。

第四，休闲可以摆脱俗事的烦忧。

第五，通过休闲可以陶冶个人品性和道德。

第六，通过休闲以改进与工作有关的知识与技能，提升工作效率。

第七，休闲可以防范反社会行为。

第八，休闲可以发展社区礼仪。

第九，休闲可以提升、愉悦精神。

第十，休闲可以帮助个体建立正确的人生观和世界观。

二、休闲的教育功能

休闲活动的教育功能概括如下：

第一，使人们有机会体验成功，增强人们的成就感，并且提高人们的个人能力。

第二，促进创造力与自我表达。

第三，促进人们自我成长与自我界定。

第四，使人们自我实现与发现个人的人生价值。

第五，发展个人特质与人格。

第六，发展人际关系与社会技巧。

第七，达到或维持心理健康。

第八，促进学习进步。

第七节　现代休闲的发展趋势

从目前世界的环境、技术状况、价值观、人口、经济、健康、工作与自由时间以及管理方式的诸多变化中预测，未来十年休闲的中心地位会得到加强，人的休闲观念会发生本质的变化，休闲的经济意义日益增长。随着休闲的普及，休闲消费将成为经济发展的重要力量，休闲消费将转变成就业机会，人们对休闲与健康的关系更加重视，应运而生的休闲教育将占教育产业的极大份额。

在我国，真正意义上的休闲研究出现在当代。随着中国社会现代化的发展，休闲将会成为影响经济、社会发展的重要因素。由于社会经济体系和文化价值的差异，西方社会的休闲模式并不能完全适用于我国，因此，从各个角度对中国休闲问题进行探讨就显得尤为迫切。

第二章　休闲的方式

在几千年的文化历史长河中，人类早已形成了一套自己的体育休闲娱乐方式。本章介绍了休闲的方式，包括不同类型的休闲方式、现代较流行的休闲方式、现代主体的休闲方式以及体育与休闲的辩证关系等内容。

第一节　不同类型的休闲方式

一、休闲方式的类型介绍

现代休闲方式多种多样。为了身心愉悦需要的休闲，是以达到追求快乐的心理需要和生理惬意的休闲，包括生活休闲、旅游休闲等。为人类自身发展需要的休闲，则是以追求社会交往需要、地位需要、被人尊敬需要、求知需要、创造需要、自我实现需要而通过休闲活动感受生命价值，如休闲运动等。

一般情况下，我们可以将休闲方式划分为下面的几种类型：

（一）知识型休闲

知识型休闲，利用休闲时间比较集中地学一点知识或技能，这种休闲方式带有终身受用的实用价值性。但如果学习、工作和研究都非常紧张，再利用休闲时间学习知识或技能，那就与休闲本身相矛盾了。若休闲时间中学习的知识和技能是除了正常的学习、工作和研究之外的个人爱好，则不同了。

（二）收藏型休闲

收藏型休闲，即可以利用休闲时间收集各种各样、千奇百怪的藏品。这种方式的休闲要注意对心态的调整，不要忽略收藏作为一种休闲方式的意义，而把主要目的放在藏品的升值方面。若一心想赚钱，那就不是休闲，而是一种谋生手段。

（三）体育型休闲

体育型休闲以锻炼身体、延年益寿为目的，具有娱乐和竞赛的兴趣感。将锻炼身体寓于娱乐活动中，如打球、赛跑、登山、游泳、滑冰、下棋等。

（四）娱乐型休闲

凡是富有情趣的休闲活动，都应包括在娱乐型休闲之中，如琴棋书画、花鸟虫鱼、游艺、游戏等等。在进行娱乐型休闲方式活动时，必须注意节制。

另外，我们还可将各种休闲方式划分为如下一些类型：

1. 艺术型

唱歌、跳舞、吟诗、作画、书法、摄影等。

2. 鉴赏型

集邮、藏画、剪辑、装潢、藏古玩、采集标本等。

3. 观赏型

看电影、看电视、看戏剧等。

4. 消遣型

种花、养鱼、猜谜、散步、逛公园、旅游等。

5. 综合型

兼有各种休闲爱好。

二、休闲方式的选择依据

休闲理念从本质上说，是一种生活态度、生活方式，是个体对生命意义、生命价值的认识和体现。自古以来，人们就有很多休闲方式，其中体现着当时人们的休闲生活观。例如，白居易的"最爱湖东行不足，绿杨荫里白沙堤"，陶渊明的"采菊东篱下，悠然见南山"，既是他们各自的休闲方式，也体现了两人不同的休闲理念与人生态度。通俗一点而言，在中国，广东人嗜好工夫茶，江南人爱泡茶馆，酒在北方人的生活和交际中扮演重要角色；在外国，英国人的下午茶，德国人的啤酒吧，西班牙人热衷斗牛，巴黎人向往海滨休假等，这些既反映了不同社会的传统文化，也是富有地域特色的休闲生活和休闲理念的生动写照。休闲作为生活态度和生活方式的一种实现，与人类文明的发展进程紧密相随。这种生活态度和生活方式里，有传统的积淀、文化的传承、经济的影响以及个人爱好的表达等。今天，一方面，各种形态的休闲理念和休闲方式深深地烙上了现代社会的烙印，是社会文化的一种表达；另一方面，休闲成为朝阳产业并得到了充分开发，应运而生的休闲经济，更是把旅游、娱乐、餐饮、建筑、服装、运动乃至文化等纳入自己的范畴。

休闲方式的选择要受到多个方面因素的影响，要因时、因地、因人而异地选择合适的休闲方式，这样才能达到休闲的真正目的。

现将进行休闲方式选择时的几个主要依据介绍如下：

（一）可以根据家庭所处环境选择

家庭环境会影响家庭休闲娱乐活动，特别是在室内娱乐活动中，最显而易见。

家庭居住面积小，不便于组织亲朋好友在家里聚会；没有庭院，养花种草就会受到限制；家庭收藏，若收藏品的体积较大，则要有足够的空间；饲养宠物，也要看能否为它提供充裕的生存条件。

（二）应该考虑家庭财力

选择家庭休闲娱乐方式还要照顾到家庭的经济状况，主要指家庭的收入水平和支出结构。休闲娱乐需要消费各种物质资料和劳务，特别是现代休闲娱乐方式，需要很多的支出，这些都离不开一个家庭总体的经济收入水平。

每个家庭休闲生活水平的提高和满足的程度，与家庭经济收入总是成正比变化。在一定总收入的前提下，家庭休闲生活状况还取决于这些收入的支出结构。家庭经济主要用于物质生活和文化生活，这两方面的支出结构直接关系到家庭休闲娱乐生活的现状。

各种休闲方式花费不尽相同，有的休闲方式几乎不需要什么投入或需要的支出很少，例如养花种草、爬山登高以及一些体育活动，像打太极拳、篮球、排球等，又如棋牌活动、欣赏音乐影视、书法绘画等；有的休闲方式则需要很大的投入或支出，例如家庭器械健身、旅游、家庭收藏、饲养宠物等。因此，要根据不同的经济状况选择休闲方式。

（三）要照顾到家庭成员的兴趣

在选择休闲娱乐时，需要照顾到家庭每个成员在文化娱乐方面的个性。因家庭成员在性别、年龄、性格和文化素养上的差异，兴趣爱好也不尽相同。例如，老人喜欢养鸟，年轻人则嫌鸟叫影响清晨的睡眠；男性爱看足球，女性则爱看电影。出去旅游，年轻人喜欢探险，贪图奇峰异石所给予的刺激；而老年人喜欢游览观光，贪图山清水秀中的那份宁静。除了年龄、性别的差异外，更有不同的个性差异。有人喜欢热闹，有人喜欢安静；有人喜欢唱歌跳舞，有人喜欢打球游泳……

只有根据自己的兴趣爱好来选择自己的休闲方式，才能尽情领略休闲生活的各种乐趣。

（四）适应不同的民族特点

中国有 56 个民族，每个民族都有各自不同的特点和风俗习惯，在休闲娱乐方式的选择上也会表现出明显的不同。

三、休闲方式的选择特征

人们在选择适合自己的休闲方式时，往往也会呈现出种种不同的特点，现介绍如下：

（一）休闲方式选择的主体性特征

1. 在休闲方式的人际关系主体性上

不论是在周末还是在长假期间，人们都体现出渴望与朋友或同事前往公共娱乐场所从事休闲活动的社会交往的心态，这在一定程度上揭示了人们休闲活动的社交范围，由以血缘为基础的亲情圈向以地缘或业缘为基础的朋友圈（同事圈）拓展和延伸这一变动轨迹。

2. 在休闲方式的文化价值主体性上

人们休闲生活的文化质量整体上还有待提高。在各时段人们休闲方式的选择中，教育类和文化类休闲活动方式还没有得到普遍重视与广泛推崇。

（二）休闲方式选择的意愿性特征

从休闲方式选择的意愿角度出发，通过对人们现实意愿和潜在意愿的比较，可以明显看出人们休闲方式选择的意愿具有比较明显的差异。根据调查统计分析，看电视等活动是市民现实生活中最经常的休闲方式之一，而市民最渴望的潜在意愿却是从事自己感兴趣的各种业余爱好活动。前者是满足心理愉悦感受的休闲方式，后者是满足自身发展需求的休闲方式；前者是后者的基础阶段，后者是前者的发展阶段。可见，这是两个不同阶段的休闲方式。这种休闲方式选择意愿的差异在一定程度上表明现阶段大多数人的休闲活动处于重视娱乐功能，而非发展功能这一阶段，这与整个社会经济发展的实际状况相吻合。按照国际上发达国家休闲活动发展的经验，人均 GDP（国内生产总值）达 3000 美元是一个临界点。当一个地区社会经济发展水平到达这个阶段以后，人们休闲方式选择将逐步由注重娱乐功能向注重发展功能转化。因此，随着社会经济水平的不断提升，应该切实加强对居民休闲理念的培养和休闲技能的培训，引导居民在选择休闲方式时，既能突出娱乐功能，又要逐步重视发展功能，从而实现娱乐功能和发展功能并举的社会发展目标。

（三）休闲方式选择的时空关系特征

首先，随着周末和节假日休闲时间的延长，人们从事休闲活动的方式发生了两大改变：一是人们从事休闲活动的形态，由静态活动转向动态活动；二是人们参与休闲活动的心态，由被动参与转向主动追求。

其次，随着休闲时间的增多，人们对休闲活动场所的选择，在空间上显示出比较强烈和执着地离开原有居住地的倾向，导致休闲时间的延长和休闲活动空间的延伸呈现同步扩大的趋势。

最后，随着人们休闲时间的增多，作为休闲活动依托的活动空间的性质也逐渐由室内转向室外。家庭作为户内休闲活动场所的重要性逐渐减弱，而风景区、公园等户外活动场所的替代性明显加强。

（四）休闲方式选择的影响因素特征

根据有关调查显示，大部分人认为对自己的休闲方式选择影响最大的因素是自己的兴趣爱好，居第二位的是自己的心情，居第三位的是休闲服务的水平。由此可见，兴趣高低、心情好坏、服务质量优劣已经成为影响人们休闲方式的三大主要因素。

从影响因素重要性程度高低分析，可以把握人们休闲方式发展的一个基本趋势，即精神的满足程度已经成为人们衡量休闲活动方式价值的一个尺度。从经验上看，影响人们休闲方式选择的主要因素从物质形态过渡到精神形态，在国际上被看作休闲活动发展的"脱物化"过程，这也是休闲方式由较低级向较高级递进的重要标志。

综上所述，伴随着社会经济发展的步伐，人们的休闲方式在形式上不断走向多元化，在内容上不断趋于丰富化。但是，受制于目前多方面的制约，人们的休闲生活质量还有较大的提升空间。同时，随着人们生活水平的不断提高，居民的休闲方式在形式、内容和理念上，都将发生一系列相应的转变。

第二节 现代较流行的休闲方式

一、国内较流行的休闲方式简介

生活在快节奏下的现代都市中的人们，早已看惯了城市的高楼大厦、灯红酒绿，对大自然的憧憬和向往成为人们迫切的需求。下面介绍几个现今国内最流行的休闲方式，以供广大读者选择、参考：

（一）钓鱼

钓鱼可以磨炼个人耐性，并能获得成就感。钓鱼需要的装备很简单，一根钓竿、一些鱼饵和一个水桶就达到基本配置，但是老钓客对装备要求会较高。

（二）学画

画画自古就是修身养性的方式，琴棋书画几千年来一直是衡量国人是否有才能的标志之一。虽然现代人分工越来越明确，但学画并不意味着一定要成为画家，奔波忙碌中抽出时间来修习些高雅的技艺，对心灵无疑是一种洗涤。尤其是到大自然中去写生，更是对心灵的美妙冲击。

（三）跳舞

跳舞既可以愉悦身心，也可以交友，不但可以增强心肺功能，还有助于健美减肥。

（四）登山

登山是较为理想的运动，它比跑步更有趣，山光水色令人大饱眼福，空气清新，更是郊游的一大选择，但易受天气限制。

（五）耕田

耕田是返璞归真的时尚，当代社会这种休闲活动一般以植树或者采摘代替。有过乡村经历的难免会怀念乡村的生活方式。

（六）击剑

在国内，击剑是较为少见的一项运动，这种中世纪的欧洲贵族运动其实对培养反应能力、身体柔韧性等很有帮助，但是收费比较高，场地也受限制。

（七）骑马

骑马这些年已经很常见了，草原上天高云淡，策马奔驰，实在是惬意、浪漫。

二、国际流行的休闲方式

远离城市的喧嚣，投入美妙的大自然，感受纯自然的风光，体验山野的绿色，尝试具有挑战意味的生活，这就是如今国际上最流行的休闲方式之一——户外运动。

户外运动是一种心情、一种自由，更是一种磨炼和挑战！

（一）野外探索穿越

野外探索穿越是自助旅行的一种形式，在地形复杂多样、人迹罕见的地方，没有现成的路可走，只有依靠同行的队友、指北针，再加上自己的头脑来判断方位，既可以培养个人良好的心理素质，还能学习到野外生存的相关知识技能。

（二）定向越野

定向越野也可称为定向运动，或者称为"定向寻宝"。在隐秘的环境中，事先隐藏好数个点，队员依靠地图和指北针准确地逐个找出，并要集体同心协力闯过精心设计的数道难关。定向越野将个人的身体锻炼、健康娱乐与团队的建设、团队的协作融为了一体。

（三）绳索垂降

绳索垂降又称为速降，主要有崖降、楼降、桥降和溪降等几种形式。速降者在教练的指导和保护下，利用拇指粗细的专用绳索由岩壁或楼顶等下降到地面，感受一步一步走向悬崖的瞬间。

（四）彩弹搏击

彩弹搏击是模拟战场上进行集体对抗射击的一项军事体育运动，集娱乐、竞技、刺激于一体，与人们追求紧张、刺激的生活节奏相吻合，因此，也就成了新的时尚和热点。

（五）空气动力滑翔伞

空气动力滑翔伞是一项人类在不停地探索能够像鸟儿一样自由自在飞翔的新方法，是人类最简单、最刺激的飞行方式之一。

三、现代休闲新观念

（一）走出都市不在游

在旅游热居高不下的今天，有不少人因经济、时间等因素难以远游，但在双休日走出大都市的却大有人在。不求远、不在乎是不是风景区、不看人多少，只是为了远离都市的拥挤和嘈杂，为了享受自然赋予的清新和幽静，身心得到完全的放松。

（二）远足钓鱼不在吃

城市人中有一大群的钓鱼迷，每逢双休日就会几人相约去水库、渔场、河边等地伸竿一钓。大多数的钓鱼迷并不是为了钓上鱼吃顿丰盛的晚餐，个中情趣只有身临其境才有体验。

（三）走街逛店不在买

城市街道和商店的变化日新月异。人们在双休日经常会相约逛街进商店，看看外面变化太快的世界，欣赏精品屋中令人称奇的商品，就是囊中羞涩也能得到新商品的信息，为自己家庭的经济计划提供参考。尤其是炎热的夏天走进有空调的商场，更有别样的情调。

（四）串门访友不在"事"

现代工作和生活节奏较快，人们从缺乏交际的时光中走出来，串门访友仍然被不少人视为生活的重要内容。对于独生子女来讲，串门访友更能满足孩子与人交往的需要，成年人和孩子都在串门访友中得到了心灵的慰藉。

（五）读书写作不在刊

读书看报是许多现代文化人的爱好，在书报中可获得许多对自己有益的信息和知识。有不少人看多了书报后也试着写作，虽然从金钱上说，付出的远比得到的多，但读书写作却充实了自己的生活，使身心愉快得到了满足，这个收获是无价的。

（六）茶客之意不在茶

城市里的许多茶庄深受人们的欢迎。各个茶庄也为迎合茶客的兴趣而办得各有特色。在歌舞茶厅里，人们品茗听歌，惬意非常；在清静的咖啡屋里，恋人们细声低语倾吐着甜蜜的情话，哪管外面的拥挤和喧哗。喝茶已经成为城里人交际的好方式，乐趣无穷。

四、现代休闲的误区

进入 21 世纪的现代人，由于科技的进步，生产力的提高，已拥有越来越多的假期或休闲时间。在这些时间里，如何快乐度过，也是自我娱乐的一个问题。

休闲的时间是自我娱乐的最好时机，正如前文所述，可以去钓鱼，可以去打球，可以约朋友去公园，也可以自己在家里看自己喜欢的书，休闲应该是很舒服和很美好的事情，通过休闲来调整身心，放松身心，以享受休闲，从而为工作积累精力，这应是休闲的正常活动。但日常生活中，却经常碰到许多休而不闲、越来越累的人，甚至出现两个假日之后星期一上班无精打采的状况。这些都可能是因为未深刻领会休闲的意义或进入了休闲的误区。现实中有很多人不自觉地进入休闲的误区，具体表现在：

（一）身心耗竭

未能合理地计划好自己的时间，玩到尽兴时，一场接着一场，通宵达旦，把自己玩得精疲力竭。而人的精神和体力恢复却需要一个过程，这个过程未完成就已到了工作的时间，自然会把无精打采和疲倦之躯带到办公室。

（二）过分刺激

未能考虑自我的实力、体力，也未能做足心理准备和预防措施，导致冒险刺激超过了心理准备防线或实力、体力，给休闲带来副作用。

（三）无所事事

紧张惯了的人，一旦有几天休闲的时间，有时由于经济不宽裕，未敢安排需经费的娱乐活动而无所事事。有的人因缺少娱乐朋友，自己也不懂得安排休闲活动而无所事事，使休闲成为一种空虚和无聊的事。

（四）毫无主见

一到休闲时间，这个朋友请打球，那个朋友请打牌，自己虽喜欢看书静坐、听音乐，但又不想辜负朋友的好意，到头来虽参加了朋友安排的娱乐活动，却是人在心不在，应付朋友，让自己休闲得更加疲惫。

（五）忘记了在家也是休闲的一种

休闲时间也可以在家打扫卫生、静坐养神、读书、思考、喝茶、睡觉等，其休闲效果有时并不比户外活动差。平时工作忙，休闲时静养，一动一静是养生之道，也是休闲之法。许多年轻人尚未认识到这一点，总认为在家不是休闲，静养不是快乐，这都是错误的想法。

我们要在休闲中找乐，但不要进入休闲的误区，在选择休闲方式时既要满足自己的兴趣爱好，又要从自身的实际情况出发，选择适宜自己的休闲方式，使自己的身心得到放松，精神得到充实，心情得到满足，以最佳的状态投入随后的工作和学习中去。

第三节　现代主体的休闲方式

休闲体育研究是休闲研究的重要组成部分。西方国家对休闲体育也特别重视，建立了专门的机构开展休闲体育研究，培养组织实施休闲体育的人才。目前，美国、英国等国高等院校的很多体育系纷纷改名，把休闲纳入体育研究和人才培养中来。体育科学协会的年会也专门设立休闲体育专题。近年来，我国学者也在休闲体育领域进行了多方面的研究。

现代化的生产方式和生产手段不仅给社会和个人带来财富和休闲时间，同时也带来了许多对人性和人的生命不利的因素。如劳动方式的单调化、劳动密度的增大化、劳动过程的专门化、劳动性质的智力化等。比如，在自动化生产过程中，员工们在生产流水线上重复着同一性质和结构的生产动作，这样长时间的工作，会使员工产生枯燥的感觉和厌倦的情绪，而每天都必须与大量的文件、数字、报表等打交道的文职人员，更是难以摆脱压抑的感受。长期积累的厌倦感和压抑感最终会引起个人心理机能上的不平衡，从而导致心理疾病的产生。何况，在那种单调刻板的劳动状态中，还会使身体产生局部疲劳。长时间伏案和进行计算机操作所导致的身体运动不足，也会使身体机能产生不适宜的反应和身体局部劳损。处于这样的心理和生理状态的人们，无疑渴望着能从单调乏味的劳动中解放出来，渴望着能使他们的人生得以全面复归。显然，这种解放和复归只有在他们自己能够自由支配的时间里，以他们自己所选择的活动方式来实现。休闲体育作为一种具有特别意义的休闲活动方式，通过特殊的渠道，更能够使人们在身心上获得更加全面的平衡。

根据调查研究发现，人们利用自由时间去参加各种休闲活动的动机，不外乎有以下几种：

一、发散剩余精力的动机

发散剩余精力的动机，即希望将工作、学习之后仍剩余的精力，以某种活动方式继续发散出来。这种动机在精力旺盛、活泼好动的青少年身上表现尤为突出。

二、松弛身体的动机

松弛身体的动机，即为了解除身体的疲劳和肌肉的紧张，通过某种休闲活动来使肌肉得以松弛和身体得以积极恢复。

三、净化情感的动机

净化情感的动机，即为了消除外部环境和他人给予的精神压力及其他不悦、不满情绪，采用休闲活动（特别是采用休闲体育方式）来缓解这种压力和宣泄不满情绪，从而使心境恢复平静。

四、代价回报的动机

代价回报的动机，即在工作、学习以及生活中付出了一定的代价但仍不能满足其某些欲求，因此，通过某种休闲活动体验成功感和满足感。

五、社会同化的动机

社会同化的动机，即通过参与某种休闲活动来达到与他人交往的目的，以及提高自身的素质，发展自己对社会的适应能力。

除了上述几种主要的、具有普遍性的行为动机外，有的人参与某种休闲活动则可能纯粹是为了获得某种感官刺激，有的人则可能是为了逃避某种社会任务和责任等。

现代运动生理学的研究发现，消除体力疲劳恢复身体方式有两种：即消极的恢复方式和积极的恢复方式。积极的恢复方式是借助轻松的身体运动促进机体新陈代谢的过程，从而达到机能恢复的目的。恢复速度较之以身体静止休息为基础的消极的恢复方式更快，并且更为有效。

现代运动心理学的研究也表明：焦虑和紧张的心理状态会随着身体运动的加强而逐渐降低其程度，激烈的情绪状态往往会在体能的消耗中逐渐减弱其强度，最后会平静下来。

上述研究结论给我们一个启示：进行适宜的身体运动不仅有益于我们机体的

健康，也有益于我们的精神世界。因此，我们便不难理解为什么在现代社会如此丰富的休闲活动之中，休闲体育会占有如此大的比重。

第四节 体育与休闲的辩证关系

体育是人类在生产生活中产生的多以全身的自然活动为主的一种特殊社会文化活动，它具有游戏、娱乐、健身、冒险等多种特点与功能。体育活动需要人身体的直接参与，这样可使健康、力量、审美、气质、性格、智慧等这些与身体最为密切的要素得到锻炼。体育这种对人身心具有积极影响的活动，无论是过去、现在还是将来，都对人们休闲生活有着重要的意义。

在人类社会漫长的发展过程中，体育经历了从原始体育、古代体育、近代体育到现代体育的发展历程。无论是何种阶段的体育，休闲与体育一直保持着紧密的联系。在古希腊时期，雅典人是过休闲生活的典型民族，午前办理公务，午后便在角力场和体操馆享受余暇。那时，体操馆是一般市民的公共设施，有运动场、散步道和讨论会场，午后大家集中在这里通过体育运动或者讨论来度过闲暇。在我国古代，蹴鞠（足球）、竞渡（赛龙舟）、投壶、秋千、棋戏、击鞠（马球）等都是人们在休闲生活中喜好的体育活动内容，斗鸡蹴鞠，走解说书，相扑台四五，戏台四五，数千人如蜂如蚁，各占一方，表明了体育在人们休闲活动中的地位。中世纪时期，尽管许多体育活动被禁止，但是一些诸如击剑、马术等非正式的体育比赛还是经常在节假日等人们的闲暇时间里举行，成为人们度过闲暇时光的主要方式。文艺复兴、宗教改革、启蒙运动和资产阶级工业革命推动了近代体育产生与发展。英国户外运动作为近代体育三大支柱之一，它的繁荣与发展与英国人休闲生活密不可分。每到节假日、教会祭日、定期举行的集市贸易日等休闲活动日子，户外体育游戏活动是不可缺少的内容。狩猎、射击、钓鱼、登山、田径、足球、游泳、划船、高尔夫球、曲棍球等成为大众喜爱的内容；为了增加娱乐性和观赏性，一些体育活动有了比较正式的规则，一些非正规的体育组织孕育而生，有许多活动成为现代田径、球类和水上项目的"母体"。可以说，英国的户外运动为现代体育形成与发展打下了良好的基础，同时也促进了现代休闲生活的发展。现代社会是经济、政治、文化、科学技术高度发展的社会。体育的繁荣与发展是现代社会的一个重要标志。各种体育书刊的急剧增加，电视机、电脑的普及，互联网接入千家万户，使体育信息量不断增加，体育正以前所未有的速度在人们生活中传播，影响越来越大。"体育生活化"成为一种趋势。休闲时间的增加、休闲设施的改善、观念的改变，为人们更好地享受体育活动的乐趣打下了基础。过去曾经是一些"贵族体育"的项目如高尔夫球正逐步走进寻常百姓家。资料显示，美国每年有2000万人参加这项运动，日本爱好者也有1000万人，澳大利亚平均1万人就有一个球场。就在不到150年前，很多体育项目和健身活动，像高尔夫球、网球、帆船、游览、滚轴溜冰以及自行车等，几乎都是富人运动。例如，1880年，一辆自行车售价为100～125美元，在那个年代，这样一笔钱已经是一笔不小的财富了。而现在任何普通人都能够参与了。体育全球化及其国际文化交流进一步密切，一些体育项目在社会中迅速传播，如体育舞蹈、健美操等，在我国，一些外来体育项目受到了人们的欢迎，沙滩排球、壁球成为人们休闲生活的新内容。

一些新兴体育活动也雨后春笋般地发展起来。例如，20世纪90年代初在美国、新西兰、法国、英国等国家相继兴起了一种叫作"俯冲跳"（蹦极跳）的运动，每年在这些国家从事这项运动的有数十万人。冲浪、滑板、攀岩、滑翔、激流皮划艇、水上摩托、轮滑、花式自行车等被称为"极限运动"的项目，也正以飞快的速度在传播，成为人们热衷的休闲活动内容。

不仅如此，体育与其他一些休闲活动的联系也更加紧密。体育消费比重在人们的休闲消费活动中正逐步增加。有资料表明，在经济发达国家，人们日常生活中用于体育消费方面的开支通常占整个社会消遣和娱乐消费的30%～40%。资料显示，美国人在参加休闲运动时，用于购买用品和器材的费用，在1995年就高达3500亿美元。若将它转为就业机会，以4万美元一个工作职位计算，共创造了875万个职位。

体育旅游成为旅游的一个新领域，登山、远足、骑车、帆船、潜水、跳伞、滑翔、滑雪等成为各旅游地招揽游客重要砝码。以体育活动为主题的旅行成为一种时尚，据美国旅游工业联合会（the travel—industry association of America）调查，美国50%的成年旅行群体——1.47亿人，曾参加过"探险"旅行，这种"探险"活动包括野营、远足和骑车。

第三章 体育运动

进入 21 世纪，随着中国社会经济的不断发展，社会对人才的要求呈现多样化的趋势，不仅要求人才具备较高的技能水平，而且要求人才具备健康的体魄。体育运动对于塑造人的健康体魄有着重要作用。本章介绍了体育运动的相关内容，包括体育运动的作用、体育运动的内容与方法、体育运动的自我防护。

第一节　体育运动的作用

体育运动对人体的作用是多方面的，本书主要介绍以下几点：

一、提高御寒能力

我们都有这样的体会，冬天从暖和的室内走到户外，刚一接触冷空气，有时会打寒战。这是机体对寒冷环境的自然反应。这时皮肤内的立毛肌在收缩，使皮肤绷紧，面积变小，以减少热量散发。皮下小血管不停地收缩、扩张，增加血液循环。这时，体内的各器官也在积极运作，甲状腺激素和肾上腺素分泌增多，加强了新陈代谢，产生出更多的热量，肝脏的产热能力也大大提高。这一切都是人体抵御寒冷的本领。

科学研究材料表明，坚持体育锻炼的人受冷后，皮肤温度不到5分钟就能恢复正常，而不进行锻炼者就要10多分钟。这证明抗寒能力是可以锻炼出来的。因此，经常到户外锻炼有助于提高御寒能力。

二、改善神经系统功能

衡量一个人体质强弱时，不仅要看他的身体各个器官系统的发育情况如何、身体素质好坏，还要看他对外界的适应能力，包括耐寒和耐热能力等。这可以从世界卫生组织所认定的十条健康标准的第四条"应变能力强，能适应外界环境的各种变化"、第五条"能抵抗一般性感冒和传染病"中找到依据。

当人体受到冷的刺激时，中枢神经系统会立即调动各个系统来抵抗寒冷。所以经常参加户外锻炼的人，可以大大提高中枢神经系统的调节能力。其抗寒力，抗感冒病毒和呼吸系统疾病感染的能力，都普遍超过不从事锻炼的人。

锻炼对于提高大脑工作能力有良好的益处。冬天到户外锻炼有其特殊的意义，在冬天门窗都紧闭着，室内空气就不那么新鲜，特别是生火炉，空气就更污浊了。在这种环境里待久了就会感到头昏脑涨，学习、工作效率降低。这时，如果到户外活动，呼吸一下新鲜空气就会觉得神清气爽。这主要是由于人的大脑在工作、学习时需要大量的氧气。当氧气供应不足时，脑细胞易产生疲劳，降低学习工作效率。通过户外体育活动，可以改善对大脑的氧气和营养成分的补给，使部分脑细胞得到休息，另一部分脑细胞进行工作。这种互相交替，提高了大脑的工作效率。

三、提高生理机能，保持和提高运动能力

日光是生物的特殊刺激物。太阳光中的各种射线对人体所产生的影响各不相同，其中紫外线是对人体最有益的。紫外线有杀菌作用，其生物学作用还在于，能使人体皮肤中的 7-脱氢胆固醇转变成维生素 D，促进身体对钙和磷的吸收和利用；促进人体的造血机能；提高肌肉与关节的活动性、皮肤分析器与运动分析器的功能，扩大视野。体育锻炼还可以减少因食欲旺盛而增加的脂肪沉积，预防血管硬化。

冬季太阳辐射弱，时间短，气温低，这就更需要经常在户外活动。室外气温低，锻炼条件不如其他季节。在冬季进行体育锻炼，不仅能巩固其他季节取得的锻炼成果，保持已达到的身体素质和运动能力水平，对于继续增强体质更具有特殊的作用，运动训练非常强调"冬训"是有道理的。总之，体育锻炼不仅能增强体质，对培养顽强的意志和不怕困难的精神，都有积极的作用。

第二节 体育运动的内容与方法

从特定的地理条件、社会经济和文化发展的实际和可能出发，下列是常见的体育运动的内容：

长跑：是较好的锻炼项目之一。它一不需要专门的场地，二不需要任何器材设备，可因人、因地、因时制宜地自选地点、路线，自定距离、跑速等，因而具有广泛的群众性，是一种行之有效的健身方法。

广播体操：在课间或工作期间在音乐伴奏下集体做广播体操。

滑冰：在人工浇灌或天然水域的冰面上，开展比速度、比耐力、比表演艺术的滑冰运动。

滑雪：滑雪带有被雪覆盖的山坡地带和地势起伏不定的野外。随着交通事业的发展和物质文化生活的丰富，节假日的郊外滑雪逐渐兴起，滑雪成为人们与大自然建立感情、锻炼身体、陶冶情操的有效手段。

跳绳：简单易行，适宜不同年龄、不同性别、不同运动基础的人进行锻炼，是任何季节都可在室内外进行的一项发展腿部力量、弹跳力，提高心血管系统、呼吸系统功能的运动。跳绳的花样很多，如单脚跳，双脚跳，两脚交替跳，前踢腿跳，计数跳，计时跳，多摇跳，长、短绳混合跳等。

野外活动：结合社会调查或定向搜索，做徒步郊游、雪地行军或爬山等。

民族传统项目的锻炼：徒手和用器械的武术套路练习，气功以及当地民间盛行的锻炼方式。

简易球类游戏：在户外场地上，开展足球、篮球、手球、躲避球等简易规则的球类活动。

室内健身活动：有室内条件时，从事器械体操、健美运动、韵律体操、小球类活动等。无专用器材、设备时，可就地取材，撑在桌椅上做俯卧撑、双臂屈伸，托砖或用重物练习臂力也是有益的。

利用自然力的锻炼：利用自然力锻炼的目的在于，使阳光、空气、水按照一定形式，反复不断地作用于机体，从而使机体逐渐习惯经常变化着的外界环境。锻炼要坚持，切不可一曝十寒。

散步：不受时间、形式的限制，可根据个人的学习、工作情况，有计划地按一定的规律（速度、距离）和方式（穿插快步走、慢跑、做操、打拳等）安排之一。

晨练：指早晨起床后有规律、经常性地进行体育锻炼。时间、内容可因人而异。通常采用跑步、做操、打拳、球类活动等，轻松自如地进行锻炼。有些人认为，它的运动量小，对增强体质没有什么作用，岂不知它具有更深的生物学意义。人们在睡眠时，整个大脑处于抑制状态下，身体各个器官的活动降低到最低水平，如新陈代谢下降、呼吸减慢、心搏减慢、血压降低、肌肉松弛等等。早晨起床时，尤其"开夜车"睡得晚的人，常感到精神不振。这说明大脑的抑制状态没有完全消除，身体各个器官的机能活动还处在较低的水平，而不能适应即将开始的学习和工作。要想尽快摆脱这种精神不振的状态，使大脑由抑制过渡到兴奋状态，从事晨练是一种很好的办法。它能使大脑神经细胞很快进入兴奋状态，提高各器官的机能。

体育锻炼的内容很多，重要的是因人、因时、因地制宜，有针对性地安排和有计划地进行经常、持久的锻炼。下面侧重介绍锻炼效果明显的长跑的锻炼方法：

从事长跑是增强体质、增进健康的一种好方法。长跑时，心跳加快，血压上升，肺通气量增大，能够改善内脏器官，尤其是循环系统和呼吸系统的功能。由于长跑的运动时间长，人体的循环、呼吸就要长时间保持这种变化水平。日复一日地锻炼，心脏功能、呼吸功能就可得到不断提高。

长跑能提高人体的耐久力，即提高长时间进行体力的或脑力的活动能力，且不易疲劳。学习和工作时，疲劳最早发生于大脑皮层神经细胞，然后才影响心脏、呼吸器官和肌肉。耐久力的提高，也就表明身体的神经系统机能的提高，使其能适应较长时间、较大强度的活动。所以常见到从事长跑锻炼的人，平时精力充沛，工作效率较高。

长跑还能促进新陈代谢，改善消化系统的活动。肌肉活动是靠体内的营养物质氧化产生的"能"来发动的。运动的时间愈长，其消耗的能量物质自然也就愈多。从事长跑，由于新陈代谢旺盛，就会把多余的脂肪氧化变成运动所需的能量，所以也能使人体保持正常的形态。

长跑有其特殊作用。长跑若在低气温条件下进行，不仅能磨炼人的坚强意志和拼搏精神，而且可以使机体各组织、系统都得到锻炼，加快新陈代谢，促进血液循环，产生更多的热量御寒。对患有某些慢性疾病的人，坚持力所能及的慢跑，可以收到一定的治疗效果。如神经衰弱症患者，坚持慢跑能够调节中枢神经系统的机能，使之逐渐恢复常态。

运动量的大小要因人而异，循序渐进。开始阶段可以速度慢些，距离短些，以后再根据每个人的实际情况逐渐加快速度，增加距离。患有慢性病的人，应在长跑锻炼之前，详细检查一次身体，听取医生的意见。一般说来，慢性病患者的运动量以相当于同龄健康人的30%～40%为宜。判断运动量的大小，以自我身体感觉的方法最为简便。如锻炼后出虚汗，精神不爽，食欲不振，睡眠不好或多梦，体重明显下降，脉搏反应不好等，是运动量安排不当所致，应及时调整。

长跑最好用鼻子呼吸，或用鼻子吸气、用嘴呼气。鼻腔内还有鼻毛和分泌物，用鼻子呼吸或用鼻子吸气，用口呼气，能阻挡空气中的灰尘及微生物进入体内。呼吸的节律和跑步的动作要协调。一般可采用"二步一吸，二步一呼"或"三步一吸，三步一呼"的方法。呼吸的节律经过反复练习就会成为习惯，跑起来会感到轻松、呼吸自如。

城市里烟雾较多，尤其是在气压低的早晨，在这种环境下不宜从事长跑锻炼。因为烟雾中含有较多的有害物质，如煤烟、粉尘、二氧化硫、病原微生物等。人在烟雾中跑步，势必会把这些有害物质吸入体内，影响健康。因此，要选择在无烟雾或少烟雾的天气进行锻炼。最好的锻炼时间是上午9点30分至下午4点30分。

长跑一定要做好准备活动。长跑结束后，要及时擦干汗水，穿好衣服，切不可滞留风口，否则容易发生冻伤和感冒。

第三节　体育运动中的自我防护

在体育锻炼时应注意下列几个方面的问题，以有效地进行锻炼，增强体质，提高运动能力：

一、怎样保护皮肤

皮肤是人体的重要组成部分，它一方面和体外环境直接接触，另一方面又和身体内部有密切联系。所以，健康完美的皮肤往往是体格健美的重要标志之一。体育锻炼时，身体与日光、空气接触较多而受到自然因素的有利影响，使皮肤的血液循环改善，营养物质和氧气供应充足，新陈代谢旺盛，因而皮肤功能得以提高。

冬天在室外锻炼，皮肤经常受冷空气刺激，皮下血管处于收缩状态，皮脂分泌减少，因此冬天皮肤显得干燥，如果保护不好甚至会裂口。临睡前最好用温水洗手、洗脚、洗脸，以促进血液循环，加速皮脂腺的分泌。

在严寒的天气下，尤其是在大风（风速超过5米／秒）、空气湿度高（相对湿度高于7%）的环境中锻炼时，应适可而止，而且更要注意保护好手和耳朵。在不影响动作的情况下，可戴手套、耳包保暖，服装、鞋袜要干燥保暖，且不要停留太久，以防发生冻疮。

在阳光充足的天气不锻炼，还应注意防晒。

二、锻炼中的创伤预防

在寒冷的天气进行体育锻炼，有其独到的作用。但如果方法不对，则会发生伤害事故。常见的伤害有挫伤和扭伤。在冬天，人的肌肉和韧带为了抵抗寒冷和减少散热，常处在绷紧的状态中。

三、关于准备活动

准备活动的目的是使人体能够有准备地从相对安静状态逐步过渡到运动状态，在运动前使体温上升到适应运动的状态。通常从提高关节和韧带的柔韧性的徒手体操开始，接着以慢跑使身体适应即将进行的体育锻炼。就时间而言，至少15分钟，冬天应充分做好准备活动。

做准备活动的目的在于：增加肌肉的弹性，活动关节，以防挫伤和扭伤；减少能量消耗，提高运动效率。此外，准备活动可提高呼吸循环系统的机能，以适应即将到来的较大强度的运动负荷。

四、体育锻炼中的常见反应

（一）跑步锻炼中的咳嗽

通常人是用鼻呼吸，而跑步时由于肌肉剧烈活动，需要增加氧气的补充量，因而不得不借助于口来帮助呼吸。冬天天气冷，雾多，有时还有风沙。如果跑步时张开嘴呼吸，冷空气过分刺激口腔、咽喉的气管黏膜，容易使这些部位的黏膜干燥不适而引起咳嗽。所以，冬天跑步时应尽量用鼻呼吸。但锻炼中，往往仅用鼻子呼吸是不足的，可采用半开口腔，嘴唇微张，舌头上提，使冷空气经牙缝吸入，再经舌头阻挡就变得温暖起来，就不会严重刺激呼吸道了。

（二）体育锻炼与感冒

引起感冒的病原是细菌和滤过性病毒。它们是一些肉眼看不到的微生物。人的鼻腔和咽喉里都潜伏着这类细菌，只是由于健康人有足够的抵抗力，所以不会被它征服。但是当身体抵抗力减弱时，细菌就会趁机活动。而有些人的一些器官已长期被细菌所侵袭——如患有慢性鼻炎、鼻旁窦炎、扁桃体炎、支气管炎者，其抵抗力是较低的。此外，身体过度疲劳或不注意生活卫生，也能成为促成感冒的因素。

寒冷季节患感冒的人多的原因，主要是由于外界空气寒冷，容易引起鼻咽黏膜血管收缩，使这些地方的组织因缺血而抵抗力降低，从而便于细菌和病毒的繁殖散布。先是上呼吸道黏膜发生炎症，再蔓延到支气管，这就会引起发烧、咳嗽等症状。因此预防感冒的关键在于，增强人体的抵抗力和对寒冷环境的适应能力。可以根据自身状况进行冬天的户外体育锻炼。锻炼时穿戴要适度，锻炼后最好先把汗擦干，换上干内衣，以免冷风吹在汗湿的衣服上而导致感冒。

（三）寒冷与关节炎

风湿性关节炎主要是由病菌——溶血性链球菌寄生于体内引起的。长期生活在寒湿不洁的环境中比较容易引起这种疾病。单纯的冷的刺激并不会引起关节炎，而且已患有风湿性关节炎的人，在医生的指导下，根据个人情况，循序渐进地坚持体育锻炼，将获得良好的效果。但是，寒冷时锻炼如果不遵守循序渐进和因人、因地、因时制宜的原则，一时使身体受了凉，就可能引起关节炎。

（四）户外锻炼时的流泪现象

有些人在冬天早晨到户外锻炼时，眼睛常常流泪。这是一种正常的生理现象，也是眼睛的保护性反射。人的两眼眶外上方有一对腺体组织——泪腺。泪腺分泌的泪液通过排出管流入结膜囊内，加之两个眼皮的眨眼动作，把流进来的泪液均匀地摊开，湿润眼球表面，使眼球经常保持滑润状态。泪液还有一定的杀菌作用。

冬天在户外锻炼时，眼睛受冷空气的刺激，眼球表面水分的蒸发就会加快，为防止眼球干燥就反射性地刺激泪腺多分泌泪液。这时由于脸部直接暴露在冷空气中，脸部皮肤和肌肉紧张收缩，使鼻泪管的口径变细，虹吸作用减弱，因而多余的泪水就溢出眼外。此时，可用洁净的手帕擦去眼外的泪液，不可用手揉擦。如果遇冷空气流泪过多，也可能是得了眼病，应及时检查。

（五）雪盲

在雪地较长时间行军、滑雪或徒步旅行，有时会发生视力障碍，眼睛感到疼痛，还有沙粒感，流泪，畏光，眼睑水肿，有黏液性及脓性的分泌物。这是由于日光中含有大量的紫外线，通过雪地反射到人的眼睛以后，就刺激结膜和角膜，造成发炎充血，出现如同电焊时未注意防护所发生的"电光性眼炎"一样的症状。

发生雪盲后，应卧床休息，使用抗菌素一类的眼药水或眼药膏，以免感染；戴有色眼镜避免强光刺激或用干净棉花蘸温开水湿敷。如疼痛加剧，应及时就医。

五、体弱的人从事体育运动应注意的事项

一些体弱的人，对在寒冷天气进行体育锻炼有一定程度的思想负担，认为天冷易患感冒，或寒冷的气温对自己身体有不良影响。因此总躲在室内，不敢也不愿意参加户外锻炼。在室内时间长了，体内局部血液循环速度就会减慢，再加上肌肉不活动，脂肪不断积累身体就会发胖。

抵抗力差的人遇到气温剧烈变化，容易感染疾病。有的人想靠保暖和增加营养来摆脱疾病的困扰，想借此增强体质，但结果往往达不到目的。这是因为上述方法是消极的，增强体质的积极办法，应当是走出温室做一些适当的体育锻炼，以提高中枢神经系统对体温的调节机能，保证机体和外界环境的统一。研究证明，从事体育活动会改善心血管系统的机能，提高对冷刺激的适应能力。当寒冷空气（14℃以下）或凉爽空气（14～20℃）作用于身体时，可使皮肤表面的血管产生先收缩后舒张的反应，肺通气量也随之增加，同时收缩力加强，体内代谢过程增高，造血器官活动提高，使红细胞数和血红素的含量增加。这些都有助于体弱的人恢复健康和治疗疾病。

体弱者的锻炼应注意：运动量的增减要适当，锻炼动作要有节奏地以中等和平稳的速度进行，练习要注意遍及全身并配合正确的呼吸。

常用的锻炼方法：不刮大风时，在户外坚持晨练；坚持走步；从事易于调节运动量的项目，如太极拳；在医嘱下从事滑冰；利用自然界的天然因素进行锻炼。总之，上述是锻炼的一般原则和方法，可根据具体情况加以变换和调节。

第四章　休闲体育运动概述

休闲体育运动和竞技体育运动一样，都具有强健体魄的作用，而休闲体育运动的娱乐性较强，能够有效地舒缓人们的工作压力，对促进人体身心健康及丰富人们的生活具有非常重要的意义。目前利用闲暇时间参加休闲体育活动的人数不断增长，休闲体育运动被越来越多的人接受，已经成为人们业余生活不可或缺的内容，同时也成为社会体育的重要组成部分。

第一节　休闲体育运动的界定与内涵

休闲是指通过利用工作和学习的业余时间调节身心的一种活动形式。人们通过休闲活动获得身心的放松，从而实现医疗保健、体能恢复、身心愉悦的生活方式。

随着生活质量的提高和经济水平的发展，人们的休闲时间不断增加，因此人们的精神世界追求和物质追求也不断变化，休闲体育也应运而生，并很快融入人们的生活中。

一、休闲体育的界定

休闲体育中的"体育"泛指广义上的体育文化和运动，即人类体育运动中所涉及的广泛内容，如物质、技术、制度和精神文化的总和。休闲体育的本质是通过体育运动消除体力疲劳，调整身心健康水平、获得精神上的安慰。这也是休闲体育与琴、棋、书、画、诗、词、歌、赋等文学之间的本质差别。

人民休闲体育活动或在运动的激情创造，建立生活的状态；或在相对安静的文化欣赏，自我修养，沉思心态。休闲体育行为有五种形式：

第一，身体健康活动，如打篮球、羽毛球等。

第二，非体力运动的安静状态，如下象棋、钓鱼等。

第三，体育活动欣赏，包括直播或媒体观看体育比赛、体育表演。

第四，体育文化欣赏，包括体育艺术展览、体育观光旅游等。

第五，体育咨询，包括体育知识学习、阅读体育出版物。

一些学者认为休闲主要包含两方面的含义：一是指闲暇时间，二是指体育休闲活动。人们根据个人需求和兴趣爱好选择适合自身的休闲运动，每个人的动机、态度、心理和客观条件等各不相同，可见休闲活动的范围十分宽泛。随着休闲体育活动的不断普及，休闲体育活动的项目日渐丰富，并取得较大的发展规模，现已成为一种主流发展方向。

在休闲释义和休闲研究的基础上，休闲体育的定义应该提出到文化类别，也就是将休闲文化和体育文化相融合。人们为了满足自己的体育需求而积极参与到体育创造和体育文化欣赏之中,保持体育文化构建的持久性状态。通过人类群的普通运动行为,思维和感觉,创造体育文化氛围,传播体育文化信息,构建体育文化气氛,实现个体身心的全面发展。

体育休闲的概念审视应重点考察两方面:一是对体育文化的创造、建设和欣赏,另一方面是指人类生存所存在的一种运动行为状态。

综上所述,休闲体育在体育运动中占据重要的位置,且受众基数庞大,是以体育活动为手段,突出个人的体育需求的差异性而开展的无功利性的娱乐休闲运动。人们通过体育文化的创造和构建、逐渐形成具有文化内涵和哲学意义的生活状态。

二、休闲体育的内涵

一些研究人员认为休闲运动是指利用余暇时间所开展的群众体育活动,是主导休闲生活的主流内容,人们可以通过多种形式和方式参与体育活动,在悠闲和快乐和谐的氛围中增强身体健康、康复体力、调节心理、陶冶情操、激发热情、培养高尚的品格、建立正确的人生价值观、从中享受生活的乐趣等。休闲运动在体育方面是不同的,也与竞争性运动有着较大的差异,一般认为,休闲运动作为人类生存发展和享受"休闲"的手段,具有内容丰富、自由性强、兴趣高、形式多样等特点,主要目标是健身、娱乐、保健和康复,随着现代生活质量的改变,人们具有更广阔的精神生活领域和表现主体意识的自我创造,超越生命,回归自然,也逐渐成为新的目标。目前,从世界发展趋势来看,休闲运动作为现代体育发展的重要象征,无论其规模大小,都不逊于竞技运动,而且很有可能成为新的体育力量。另外,休闲体育分为广义和狭义两大类:在广义上,休闲体育被理解为一种娱乐和休闲的体育活动形式;在狭义上,休闲体育则更注重于特定的体育项目或运动方式,它们往往具有一定的专业性和竞技性。这类体育活动主要是针对那些对某一运动项目有浓厚兴趣的人群,他们通过参与这些运动,既可以满足自己的兴趣爱好,又可以在一定程度上提高自己的运动技能。

由此可见,群众体育和休闲体育有诸多相似之处,但也只是群众体育中的某一种运动类型，既从属于但又具有自身的独特体育风格，与其他体育活动相比，如竞技体育等，存在差异。竞技体育主要以追求最大限度的运动能力为目标，不断突破人的运动极限，但是带有休闲性质的竞技体育也同样可以被称为休闲体育。体育教育的培养目的是使教育者掌握扎实的体育知识和技能，并学习正确的体育锻炼方法，从而将正确的运动技术应用到实践生活中，最终形成良好的终身体育习惯和行为，有益身心健康、健身、娱乐和社会交往是群众体育活动的主要特点。休闲体育从属于大众体育，在某种程度上与其有一定的相似性。综上所述，休闲体育与其他领域的体育有着广泛的联系，休闲体育具有较大的延展性，根据运动目的和功能的区别，其类别属性也会大不相同，当体育活动用于竞技时可看作竞技体育，用于娱乐时则可看作休闲体育，根据休闲体育的目的和功能，其概念（狭义）应该是，人在闲暇的时候，以满足自身发展需要和身心幸福为主要目的，具有一定文化素质的体育活动。

单从内容和形式上看，大众体育与休闲体育确实有诸多相似之处，因为休闲体育活动就是大众的一种休闲和娱乐方式。严格来定义，这种理解也不完全正确。从分类学视角来看，大众体育的分类标准主要由群体特征来决定，且由竞技体育和精英体育为主要参与内容。而休闲运动的重点划分标准是参与体育活动的自由状态。相应的概念与某种"义务"和"必须"状态相对，如职业体育、军事体育，休闲体育是体育活动自由的条件下，无关社会身份的体育爱好者所参与的运动。

（一）休闲体育是人们的心理体验

我国一些学者认为，体育运动主要有学校体育、竞技体育和身体锻炼这三种，然而还有一种常被忽略，俗称游戏、体育娱乐，在国外被称为娱乐活动，主要是指人们以轻松愉快的心情自愿参与形式多样的体育或娱乐活动。这种体育运动并不注重规定和制度要求，也不追求挑战运动极限，甚至有时不把康复身体和强身健体的作用放在第一位，而是通过体育运动的方式来丰富自身的余暇时间，充分排解精神压力和烦恼，使身心得到休息和放松。

法国学者罗歇·苏认为，体育休闲是一个更高的身体活动阶段。它需要更强壮、更持久的运动，但也要从根本上区别于体力活动。这是简单的放松和传统体育之间的一个科学的运动形式，它与体育特征和要求有较大的差异，因为它并不刻意追求运动成绩，也不需要制订严格复杂的训练计划，而是通过自发的、非正式的体育活动来获得身心放松。

也有学者认为，休闲体育是指人们积极地乐于参与某种体育运动，从而满足个人需求、实现自我愿望目的的一种休闲方式，休闲体育形式具有内容多样、形式多彩、自由度高、随意性强、参与度广等特点。

（二）在闲暇时间参与休闲体育运动

休闲体育是指人们在闲暇时间对体育活动持积极的态度，用来丰富文化生活、发展兴趣、能力和个性的运动方式。休闲体育并不是一种全新的运动形式，它主要是由参与主体的活动自由度而定义，是指利用闲暇时间，为了达到健身、娱乐、休闲、刺激、宣泄和许多其他目的而开展的各种体育运动方式。

有的研究对上述定义进行了补充，如把休闲体育运动归纳为：休闲体育运动是在一种体育思想指导下，在闲暇时间内，为达到健身、消遣、宣泄等目的的一种体育活动，它具有自由性、个人性、情感性和群众性的特点。或者认为，休闲体育运动就是在休闲时间里用各种方法、手段进行身体锻炼，开展多种形式、内容的身体娱乐，并把它作为一种现代化文明社会的交往方式和交际手段。或者表述为：人们在休闲时间所进行的以满足自身发展需要和愉悦身心为主要目的，具有一定文化品位的体育活动。

（三）休闲体育运动的开展目标

休闲体育是人们利用余暇时间根据自我意愿积极开展的自由体育活动，它与学校教育、竞技教育之间有较大的差异，既没有强制性的教育课程要求，也没有标准的专业训练。休闲体育是由参与者根据自我兴趣和需求而选择的活动方式，并根据自身的实际情况安排运动强度和负荷，特别注重个体的自我性，休闲体育在生态、经济的基础上注重参与和娱乐性。

休闲体育运动的开展目标是实现增强体质、娱乐休闲、欣赏、交流等目的，满足个体的爱好和需求。休闲体育运动的核心是健身。在国外，人们对休闲体育的描述词语有"娱乐"（Recreation）、"休闲"（Leisure）、"休闲娱乐"（Leisure Entertainment）等。由此可见，休闲体育的宗旨是"娱乐"，通过体育运动增强体质健康的基础上愉悦身心，追求运动中的乐趣，是一个强调物质和精神、体力和智力、心理和身体协调统一的过程，削弱了运动的竞技和规则性，充分挖掘运动项目的游戏性，重视对身心的调节和养护，具有健身、康复、娱乐、消遣等多元化运动价值。休闲体育运动可以是私人的休闲活动，也可以是团体性的共享休闲活动。

休闲运动与一般运动健身活动不同，它有独特的挑战、刺激、冒险、新奇、有趣和艺术等特征。在休闲运动中，可以充分激发人们的运动兴趣和热情，培养和磨炼人们的能力和意志，获得身心愉悦和满足感。

休闲体育运动具有一定的科学性、艺术性和社会性，在我国它属于一种新型的社会文化活动，新颖的休闲体育运动项目建立需要有科学技术作为保障，需要新技术、新材料和新方法等作为活动的基础。诸多休闲体育项目具有较强的高雅、精致、高尚等特点，为体育文化活动的内容注入了新的活力。

休闲体育运动不是一种无所事事的消遣，而是人类为了提高自身生活质量、谋求全面发展而采取的相应健身、健心等具有体育意义的休闲活动，它谋求的是生活艺术化并使人们从中真正体会到乐趣，强调了对活动过程中快乐和愉悦的体验以及对人生目标、意义和价值的追求。

休闲体育运动并不是一种盲目的消遣和娱乐，而是人们为了提高物质和精神需求质量，寻求综合性的发展而参与的、有意义的体育活动，在休闲体育活动中体验艺术、审美、乐趣，从而不断丰富自身的内涵，准确定位人生价值观。

第二节 休闲体育运动的特点与分类

一、休闲体育运动的特点

休闲体育运动为人们的休闲活动带来了丰富多彩的内容和形式，发挥着积极的作用。休闲体育运动的形式与人类属性、社会属性之间具有难以分割的紧密联系。人们通过休闲体育运动不仅可以获得个体的体育需求，还可以通过身体运动体验体育项目中的乐趣，愉悦身心；同时，在团体性的休闲体育运动中，加强了人与人、人与自然、人与社会之间的交流，从中获得人类智能对自然界的物质、能量和信息的转化成果，收获积极的情感、心理和精神体验。可见，休闲体育运动是人类文明进步的必然成果，具有独特的娱乐和健身功能，它是人类的本能锻炼冲动和社会改造相结合下的发展产物。从这一角度来分析可知，休闲体育运动与动物界的消遣、打闹或者游戏冲动有本质上的差异，其特征主要体现在以下几方面：

（一）标准化

休闲体育活动的许多具体方法重点规范了休闲参与者行为的相应规范，即在活动方式、活动时间和参与群体以及它们与各个方面的联系，这就是休闲体育运动存在的潜在约束力。虽然这个要求没有其他社会行为那样严格，但是也在一定程度上对参与者的休闲行为进行约束，在许多人同时参与的休闲体育活动中这种限制尤为明显。这种标准化往往在社会文化系统中以传代方式继承和发展，成为参与者的基本行为准则。动物游戏和嬉戏也存在一些规则，但是这种规则并不具有一定的社会规范和文化意义，而是一种行为信号。

（二）道德性

休闲体育运动作为人类社会文明行为中的重要部分，在体育活动创造、构建和实践中不能违背社会道德，只有这样才能得到社会各界的肯定，否则会给休闲体育活动带来更多的发展阻力。人们之间平等关系的建立和社会日益完善的制度决定了休闲体育的道德伦理特性越来越显著。休闲体育参与者必须在不损害他人利益的前提下开展休闲体育活动，否则必然会承受自己所造成的后果。

（三）符号化

从文化的视角进行分析可知，人类的语言和行为是一个特殊的符号，具有象征意义，符号的本质可以理解为表现结构、深层结构和意义结构等多维的结合体。从文化社会学的角度出发，休闲体育运动则是研究运动的社会意义结构。法国社会学家波德里亚从消费者的立场进行研究，并表示："休闲不能成为象征性消费的对象。"因此，休闲是大众文化消费的标志。随着社会消费水平的不断提升，休闲体育运动逐渐被认为是一种文化符号，并成为人们的消费对象之一。当人们习惯了各种体育作为休闲消费的日常生活选择时，休闲体育已经成为大众文化消费的象征。目前，诸多休闲体育运动的参与者不仅有对休闲体育的爱好和需求，也有对文化或符号的寻求。

（四）个性化

在社会环境和竞技水平不断深入发展的熏陶下，人们往往会选择不同的休闲体育运动来满足自身的需求。休闲体育的多样性、自由性和娱乐性为人们的个性发展创造了良好的氛围，在开展休闲体育活动的过程中，人们追求自己的个人目标。人们在新奇的休闲体育项目参与过程中进行讨论和交流，此时的心理过程是相对独立但又相互依存的。

在一项休闲体育活动中，在眼花缭乱的消费对象和环境下作出具有个体性的选择，从而建立与客体之间不同于其他群体的独特关系，形成一个独特的文化、社会身份和意义，充分体现出休闲体育活动的个性化特征。

（五）体验化

休闲体育运动具有较强的体验性，注重人们在参与过程中对活动的体验，体验是指人们在经历活动中对产生的感知进行综合处理的过程，是将外部物质和行为内化为一种情感、心理和感受的过程。体验不单一的感觉要复杂得多，是对一系列行为过程的解释性意识，是在特定的时间、环境和行为作用下的精神过程。人们在休闲体育运动的参与过程中获得身心两方面的体验。由于现代生活的快节奏和高压力，使得人们更愿意寻求一些可以放松、愉悦身心的活动，而休闲体育就是一项比较合适的选择，不仅可以锻炼身体素质，而且可以释放内心的压力，使精神得到解脱。休闲体育运动很少限制技术、规则等因素，参与者也可充分展示自己的才能，当人们参与活动时，应重视体育的参与过程，只有享受整个过程，才能获得足够丰富的体验。因此，人们的休闲体育行为是针对过程中的体验，而不仅仅是参与的结果。

(六)多向性

人类参加休闲体育活动是一种社会文明行为,与动物之间的玩耍和打闹的生理性需求有本质上的差异,这是因为人们的参与行为具有显著的目的性。人类的个体差异性又决定了休闲体育运动目的的多样性和复杂性特点,即人们要借助休闲体育的渠道来实现某种社会目的。综合目的性可初步总结出三个层次,即生理需要、精神需要和社会需要,在这三个层次目的的驱使下,人们形成了多种多样的目的取向,进而构建出人们参与休闲体育运动的目的系统。

(七)多样性

人类文明历史悠久,随着文化和科技的发展,人们凭借自己的智慧和才能创造了许多新生事物,尤其在技术和方法方面则更为擅长。到目前为止,休闲娱乐活动的种类是无法估量的,丰富多彩的休闲体育活动为人们的物质和精神生活带来了多重体验。随着社会科学技术的发展,诸多具有前沿科技元素的休闲体育运动也随之兴起,为休闲体育运动的方式提供了更多的思路,使其内容更加丰富和多样化。

二、休闲体育运动的分类

现代社会发展下的人们拥有更为宽裕的闲暇时间,随着休闲体育理念的深入,休闲体育也受到更多人的关注,现如今休闲体育运动成为文明生活的一种象征。目前,休闲体育运动有多种类型,没有严格的分类标准。

(一)按参加者活动时的身体状态分类

1. 观赏性活动(间接参与)

观赏性活动中的群体属于第三方,属于间接参与者,是指观看各种体育竞赛和休闲运动表演。在竞赛和表演的欣赏过程中,会随着运动员的成绩表现出欣赏、兴奋、惊喜、沮丧、愤怒等情绪,使心理压力和情感态度得到完全释放。另外,也可在欣赏过程中学习一些运动知识,欣赏体育的艺术魅力,强化自身的体育精神。

2. 相对安静状态的活动

这类休闲运动主要有棋牌、钓鱼等。参与者在活动过程中主要以放松大脑、灵活锻炼脑力为主，是智慧和心理素质的竞争。棋牌通常是一群人参与群体活动，因此对理解、合作的培养性较强。钓鱼运动是对经验和心理素质的重点培养。由于此类活动趣味性较强，容易进行，因此备受休闲体育爱好者的喜爱。

3. 运动性活动

根据活动的基本特征，可以分为以下几种：

（1）旋转类

眩晕类运动项目可以让人体验日常状态下无法实现的身体运动，并给人带来愉悦的体验。例如，荡秋千、游乐园中的各种器械性活动，有旋转、飞跃、滑动、碰撞等项目。

（2）命中类

命中类运动不仅考验人们的身体素质，也对智力素质（计算、控制力、判断力）等有较高的要求，即考验人体和思维的综合水平，命中目标时会激起人们的热情，愉悦身心。例如，台球、保龄球、高尔夫球和其他项目。

（3）节奏类

节奏类运动具有强烈的节奏感，且结合身体特点具有很强的锻炼作用。在优美、动感和轻快的音乐伴奏下开展韵律性的休闲活动，娱乐和健身性特点显著。例如，创造性舞蹈、健美操、瑜伽、塑身类项目。

（4）滑行类

滑行类运动需要借助脚踏板或脚踏等各种器具，其主要特点是在滑行中锻炼人们的平衡能力、控制能力和力量素质等。此类运动多在户外开展，使人们贴近自然环境，感受大自然的神奇，是集健身、娱乐、趣味为一体的综合性运动项目。例如，潜水、冲浪、滑雪、滑冰、滑板、轮船等项目。

（5）攀登类

攀登类运动存在一定的危险系数，是一种挑战自我、突破运动极限的自我运动行为，参与者在冒险中磨炼自身的意志，在刺激的体验中感受运动的力量。例如，登山、攀岩、攀登瀑布等项目。

（6）技能类

技能类运动是指人们在长期的训练基础上，能够运用特定器械表达高度灵巧和技能的活动。例如，花样滑板、自行车越障等。

（7）比赛类

比赛类运动是竞赛的规则和游戏重编后，形成的休闲体育游戏。例如，沙滩排球、三人篮球等。

（二）按参与休闲体育运动的目的和动机分类

1. 健身塑形类

休闲体育运动的开展基础就是促进人们身心健康水平的提高，这在实践研究中被证实，健身活动是指人们为了提高机体的运作状态，促进身体新陈代谢功能，使形体健康维持在较高的水平。这种健身塑形的活动是人们在闲暇时间参与的一种活动，试图将个人塑造为更优秀的人才。

2. 娱乐类

人们能够在丰富多彩的运动中获得愉悦感，而休闲体育运动则是在体育锻炼的基础上使身心娱乐的形式，构成体育娱乐活动的体系较为庞大，且内容丰富。

3. 竞赛类

竞赛类的休闲体育运动与竞技运动差距较大，这是因为休闲体育中的竞赛性只是一种活动方式，对规则的要求并不苛刻，它强调人们在活动过程中的体验，并不关心活动的结果。也就是说，休闲体育中的竞赛性是为了满足人们在活动过程中的不同需求和目的。

4. 消遣放松类

人们排解压力和放松紧绷身体的最佳方式之一，就是休息和娱乐。罗歇·苏把放松称为休闲的"第一功能"，他认为人们的压力和疲劳不仅来源于工作，其他领域也会带给人们压抑和束缚，城市中的这种生活方式就十分有必要得到消遣和放松了。

5. 交际行为类

休闲活动可以来自脑力或体力劳动，或与他人的亲密接触，这一切都会产生一种"社会互动"。在工作时间，人们的交际行为和关系常被限制，而休闲是指人们在闲暇时间的无约束交流，自由和灵活性更高，因此人们的自由意识也会得到充分的发挥，人际交往的过程才会带来愉悦和有效性。

6. 探新求异类

对新鲜事物好奇是人们的普遍心理倾向。这是人性在进化过程中的长期遗留，我们永远不掩饰年轻时对新事物的好奇，随着年龄的增长、经验的增加，这种探索的欲望渐渐被隐藏，但这种需求却不会减退。

7. 寻求刺激类

对于很多人来说，人们要面对工作和快节奏生活的压力，这使许多人感到压抑和烦躁，而传统的娱乐放松方式根本无法满足人们的需求，因此寻求具有刺激性的运动方式可以给神经、心理带来适当的调整，这也成为多数人比较倾向的运动类别之一。

（三）其他分类方法

根据运动的竞争性，可以分为竞技运动（如保龄球、台球等）和非竞技运动（如登山、漂流等）。

根据运动的方法，可以分为徒手运动项目和器械类运动项目。

根据运动的强度和持续时间，可以分为有氧运动和无氧运动。

根据场地和资金的投入，可以分为对硬件设备要求较低的传统运动（如武术，气功、步行、慢跑、体操等）、需要一些特殊的设施和一定投入的现代体育内容（如网球、游泳、体育旅游、家庭健身器材等），以及设施和投资要求较高的时尚运动（如高尔夫、保龄球、赛车、滑雪、登山、攀岩、滑翔伞、热气球等）。

根据空间，可以分为陆地运动（如登山、攀岩、定向运动、徒步旅行、山地自行车、户外旅行、冒险、滑雪、滑冰、雪地摩托等）、水上运动（如划船、划船、航行、冲浪、潜水、滑水、钓鱼、游泳、漂流等）和空中运动（如跳伞、滑翔伞、热气球等）。

根据参加人数，可以分为个人运动（如健身、钓鱼等）、多人运动（如球类运动、舞蹈等）、家庭运动（如旅游等）和集体运动。

根据不同的环境，可以分为室内运动（如保龄球、台球等）和室外运动（如探险、露营、徒步旅行、涉水、越野等）。

第三节　休闲体育运动的发展与功能

随着科学技术的不断发展，大量的体力劳动被机械化、电气化和自动化技术所替代，加之现代交通工具和信息技术的普及，为人们的休闲时间创造了更多的机会，闲暇时间大大增加，人们愈加重视对健康绿色生活的追求，重视生活品质和体质水平的提高，可见休闲体育将是未来体育发展的主要趋势之一，在未来的休闲生活中也将占据主导地位，休闲体育的发展显得尤为重要。

一、休闲体育运动的发展

自休闲体育运动产生以来，它作为一门专门学科在发达国家得到了突飞猛进的发展，并在很大程度上改变了人们的现代生活方式和观念，随着休闲体育运动的普及，也逐渐被我国所重视。中国学者对休闲体育运动的研究不断深入和成熟，逐渐走向系统化、细致化和实用化，并在全民健身计划的发展中带来积极的作用。在中国，休闲体育运动的发展呈现出以下趋势：

（一）休闲体育运动为全民健身活动创造了更多的发展机会

在《全民健身计划纲要》指导下，我国的全民健身运动取得了一定的发展成绩。随着人们闲暇时间的增多和经济条件的提高，休闲体育运动为全民健身运动创造了更多的机会，主要体现在以下几方面：

1. 休闲体育组织形式增多

我国政府高度重视全民健身计划的制订，因此在群众体育的政策制定、指导文件和宏观管理方面都作出了较大的努力。从社会文明的发展规律和历史进程分析可知，大众体育组织应重视多样化。另外，休闲体育的运动特点和内涵也决定了休闲体育运动组织的自主性和自由性。

从体育组织形式的发展考察可知，2021年的体育组织活动多是以社区活动为主，而在 2020 年的活动中则排在靠后的位置。可见，随着全民健身理念的不断深入，人们的休闲体育参与意识不断增强，休闲公共体育服务质量也不断提高，人们不再被地点、设施和时间约束。因此自发组织的体育活动越来越多，从而满足个人的不同休闲体育爱好需求，其中由同事、朋友和体育俱乐部作为主要的休闲体育活动持续增加，成为主要的群众体育活动。

2. 休闲体育活动内容丰富多彩

据调查，2021 年我国体育人群对项目的选择主要有步行、慢跑、羽毛球和篮球、足球，所参与的体育项目多达 20 个。休闲体育运动的普及和发展为我国全民健身活动创造了丰富的运动内容，不仅可以亲身参与体育运动，还可以欣赏体育竞赛，休闲体育活动内容由单调的个人散步运动形式逐渐延伸到多种运动项目，如球类游戏、徒步旅行、游泳、户外拓展、器械健身，甚至电子游戏等形式。

3. 扩大休闲运动参与人群基数

休闲运动的目的主要是提高体质健康水平的同时娱乐身心，虽然休闲群体的参与目的、群体阶层、经济基础有所不同，但都会从参加休闲运动中受益。因此，休闲体育运动需要建立在高质量的服务保障和管理保障基础上，从而引起更多体育爱好者的注意力，形成庞大的参与群体。调查结果显示，2022 年我国的青少年锻炼人群呈现不断上涨的趋势，休闲体育参与人群中老年人的比例最高，占据75%。休闲体育凭借其特点和价值将吸引更多的自发群众参与。

（二）从身体锻炼模式到休闲体育运动模式

传统的体育运动项目主要是以锻炼身体为主要目的，体育项目的选择、运动计划的制订和体育训练内容等均是围绕特定的身体健康或医疗康复，强调的是从体育项目中提高身体素质。

随着人们对休闲体育内涵和功能的深入了解，休闲体育运动将为人们的休闲生活带来较大的改善。休闲体育运动的宗旨是为人们创造自由愉快的体验，它是放松身心、愉悦精神的运动方式，而不是一种锻炼负担和压力。休闲体育运动不仅可以强身健体，还可以满足个体体育兴趣的自由选择需求，调节和改善精神状态，这种体育锻炼理念是对传统体育运动项目的突破和创新。随着现代化体育理念的深入发展，人们的体育参与动机由原来的单一健身过渡到提高体质和修炼精神的双重运动动机，这有力地证实了我国由体育锻炼模式逐渐向休闲运动模式转变。另外，因个人的需求不同，参加休闲体育运动的目的也是各式各样，有些人是为了通过休闲体育的途径来提高人际交往能力，拓展视野；有的则是借助休闲体育来释放压力，愉悦身心，调节生活节奏；有的则是认为休闲体育可以提高自己，实现自我满意的目标。具有完善管理系统的休闲体育运动可以为不同阶层群众提供服务，这也将成为未来大众体育运动的发展趋势之一。

（三）休闲体育运动研究领域逐步延伸和深入

休闲体育运动为人们的健康生活增添了新的活力，人们通过参与体育运动或欣赏体育竞赛来收获不同的益处。近年来，我国通过借鉴先进国家的休闲体育研究和理念，并根据自身的实际发展情况，在休闲体育研究领域积累了较为理想的成果。调查显示，各大高校或者体育相关单位对休闲体育运动研究已不再陌生，休闲体育运动被认为是有利于促进健康生活的大众型体育运动项目。休闲体育的特殊功能决定了其研究价值，休闲体育运动的发展必定对体育领域带来积极的影响，甚至对群众体育、社会体育等词汇带来替代作用。这也决定了休闲体育运动的研究领域将不断拓宽和延伸，并趋于系统、深入和实用，休闲体育的参与者和竞赛观众、休闲体育运动的内涵和意义、休闲体育运动的相关政策和规定、休闲体育运动的服务和管理、设施与场地建设、人才培养、休闲体育运动项目设计与开发、市场营销和评价、投入与经济效益、环境保护问题等，都将纳入研究范围中，并向着更为专业的方向努力。随着休闲体育运动的普及和开展，人们逐渐认识到休闲体育运动的益处，乃至对社会文明建设所带来的影响。人们将从精神文明的角度来衡量休闲体育运动的价值，它是提高人们生活质量和精神生活的体现。可见，休闲体育运动研究对于人们健康理念、休闲意识和社会文明建设等方面都产生着积极的作用。

（四）数字媒体成为休闲体育运动发展的助推器

随着现代化网络、电视、广播等媒介的发展，使得越来越多的人关注休闲体育的发展，主要归纳为以下几方面：

第一，快捷的大众媒介可以直播竞技体育比赛中的实况以及新闻报道，促进更多的体育爱好者参与其中，同时大众媒介拉近了体育爱好者与观众之间的距离，使体育爱好者能够在第一时间观看到精彩的体育比赛，仿佛体育赛场近在眼前。那么，欣赏竞技体育比赛项目也逐渐纳入人们的休闲体育方式之一，精彩绝伦的比赛吸引了更多的休闲体育爱好者参与。

第二，由于休闲体育运动主导的是一种健康的休闲生活方式，这种方式被很多人推崇和喜爱。因此在大众媒介传播中备受关注，其宣传和报道力度也大大加强，这对休闲体育的开展和普及具有较大的推动作用。韩国学者曾对各大网站进行调查，其中人们对休闲体育运动的关注力度远远超过了对科技、音乐和教育等领域，名列前三位。可见，大众媒介对于休闲体育运动参与群体基数的形成具有无法想象的促进效果。

第三，信息网络产业无疑是解决信息不平衡这一矛盾的最佳选择，网络信息平台的快速发展（网络具有信息量非常丰富、传播速度快、交易成本低的特点），为休闲体育运动的相关企业创造了更多的机遇和挑战，尤其是为经营观赏性体育性质的企业创造了可贵的机会，为人们提供便捷、廉价的体育资讯和信息。为相关体育企业的宣传、经营和管理提供了较大的传播平台和媒介，拓宽了经营规模和空间。反过来说，也给休闲体育运动企业带来了一定程度上的困难。如何在庞大的休闲信息库中捕捉到具有潜在价值的消费者，是占据市场竞争力的重点，如何充分吸引更多的休闲体育参与者，已成为休闲体育相关工作人员面临的重要问题之一。

（五）休闲体育运动带动相关产业的快速发展

近年来，我国的休闲体育运动事业得到了快速的发展，它已然成为现代健康生活的主导方式之一，随着休闲体育运动参与人数的增加，必定会对相关消费对象的需求量增多。因此，休闲体育相关产业的消费水平也会呈现逐渐上涨趋势，如体育设施、体育场地、体育书籍、体育报刊、体育网站、体育服装、体育服务业等产业。美国、日本等国家曾调查指出体育产业的总值所占比例在本国可占据前五名，这充分表明了休闲体育所带动的产业对经济增长水平具有重要的促进作用。

在中国，休闲体育运动以及它所带动的诸多产业仍处于初级发展阶段，但发展势头良好。在2021年第10届中国国际体育用品博览会上，主营体育运动服装、运动器材的企业占60%以上的比例，由休闲体育运动带动的相关企业约占20%。随着休闲体育运动的普及和发展，休闲体育参与人数不断增长。因此，对休闲体育相关产品的需求也越来越多，这就刺激了相关产业的产生和快速发展。这对休闲体育运动产业是一种机遇和挑战，休闲体育运动产品多样化和质量保障将关系到企业的未来发展景象，是促进企业可持续发展的重要问题。影响休闲体育运动快速发展的关键还在于专业人才的支撑，因此休闲体育运动专业人才的培养将占据市场较大的发展潜力。

（六）休闲体育运动与社会流动的协调发展

社会流动是指社会关系空间中社会成员从一个位置到另一个位置的移动。它有一般和狭义之分。一般定义上的社会流动是指个人社会地位或个人社会角色的变化，狭义的社会流动性主要强调的是专业地位的变化。改革开放几十年来，我国的各个社会领域都发生了翻天覆地的变化，社会流动性是其中一个具有代表性的重要变化之一。随着劳动体制、人事制度和户籍制度的不断变化和完善，社会流动渠道、流量、流速日益增多，流动特征总体呈现以下两个方面：第一，所有制结构和产业结构的多样化调整刺激了社会成员的大范围流动，工业劳动力逐渐取代了多数农业劳动力，部分城镇劳动力逐步流向制造业、加工企业和相关管理服务等新兴产业；第二，农村人口城镇化，由于农村剩余劳动力和快速的经济发展需求，使得大量的农村人口流向城市，这一发展方向为经济发展提供了坚实的劳动力基础。

随着经济体制和社会改革的深入发展，社会流动是经济和社会发展的必然要求。在社会环境的发展背景下，休闲体育运动也必定适应客观需求而发展，从而为社会文明进步创造更好的条件。

（七）休闲体育运动与社会主义新农村建设的协调发展

中国农业经济的快速发展为休闲体育运动发展创造了充足的时间和经济基础，人力劳动逐渐被工业和机械化所替代，这就为人们提供了大量的闲暇时间，使得休闲体育运动贴近人们生活的可能性大大增加。休闲体育运动的特点和健身价值应积极地引入新农村建设中，积极引导人们开展健康科学的休闲生活。中共中央颁布了建设新农村的发展建议，在关于推进社会主义新农村建设文件中特别注重农民体育健身工程的指导和实施，农民体育健身工程是新农村建设过程中的重要层面之一，而休闲体育运动的推广和实施则是主要的贯彻途径。在新农村建设中强调与休闲体育运动的协调发展将是社会主义新农村的必然发展趋势。

社会主义新农村的建设不仅为人们的物质生活和经济条件提供了机遇，重要的是丰富了人们的精神文化、健康生活方式和文明生活态度，而休闲体育运动的开展在精神和物质方面都具有显著的促进作用。休闲体育活动的开展应结合当地民俗习惯，选择贴近农民、贴近生活、贴近农村文化的具有健身、康复治疗等功能的运动项目，从而吸引更多的农民主动积极地参与到休闲体育运动中，以最佳的精神面貌投身于社会主义新农村的建设中。

休闲体育运动也是农村精神文明建设的桥梁和载体，新农村建设也涵盖了对农民文明素养、价值观、道德观和民族精神等的培养，而丰富的休闲体育运动文化为社会主义文化增添色彩，尤其是具有民族特色的休闲体育文化，不仅以健康积极的方式提高人们的身体健康水平，而且对于弘扬民族精神、培养民族凝聚力和荣誉感具有重要的意义，从而彻底摆脱落后的传统观念，形成具有社会主义现代化的新农村建设风尚，适应新农村建设的目标和价值要求。

充分挖掘和发挥民族传统体育的休闲体育运动价值。中国民间体育的发展目的主要以休闲娱乐为主，自古以来，民间体育的休闲娱乐方式主要表现在两个方面：一是其游戏竞技性，二是具有民俗特色的体育运动。在现代化的社会发展背景下，农民对休闲体育娱乐的需求也在逐渐发生变化。因此对传统民间体育文化应秉持取其精华的态度进行整理和继承，一切以服务群众为目的，建立具有中国民族特色的休闲体育文化，这是传承和发展民间体育的文化自觉行为。

注重发扬优良的民俗节日相关的农村休闲体育运动。传统的民俗节日是经过几千年的文化沉淀而来的，是民族根源的体现形式之一。民俗节日为人们的休闲活动提供了良好的发展契机，自古以来我国将民俗节日与体育运动紧密结合，形成了具有特色的休闲体育运动，如舞龙舞狮、端午节赛龙舟、重阳节登高、荡秋千、泼水节等休闲活动，形式多样。因此，通过发扬优良的民俗节日体育活动对农村休闲体育运动具有重要的意义。

（八）休闲体育运动与学校体育的结合

休闲体育运动不只是一种娱乐与健身的途径，还为学生提供了一个自我学习、自我提高和自我培养的教育过程，对于学生的综合素质能力具有显著的提高效果。其中不仅包含学生的运动技能、动手能力训练，而且对学生的社会人际交往能力、自信心、团结协作能力、竞争精神等具有培养作用。休闲体育运动的德育功能还表现在对教育形式的改革上，将教育融入生活环境中，通过休闲体育运动的直观、生动和多样性，加强对新时期学生的思想道德建设和社会主义荣誉感的培养。另外，休闲体育运动使学生贴近大自然，在自然环境中体验运动的乐趣，改革传统的体育课程教学模式，为学生提供一个轻松、友好和愉快的沟通环境；拉近学生、教师之间的关系，使他们在平等公正的活动中相互鼓励，共同进步，提高学生的社会适应能力。

在未来学校体育的发展中，应注重并加强学生的休闲体育能力培养，坚持"以人为本"和"健康第一"的创新教育理念，拓展多元化的教育路径，有效地促进他们的身心协调发展。

学校休闲体育运动应遵循"以人为本"的原则，即根据学生的兴趣爱好选择适当的运动项目，同时还要结合学生的身体素质条件。因人而异制定适合学生身心发展的休闲体育运动内容，充分启发和引导学生养成良好的体育习惯，为学生的休闲体育提供基础和动力。

通过收集、整合、筛选、加工和升华与休闲体育运动相关的运动项目，选择实用性、高效性和生活化特征显著的体育活动引入学校体育教材中，在现代体育课程中融入具有特色的休闲体育运动项目。休闲体育运动项目与现代体育项目的融合丰富了学校体育教育，如围棋、象棋，这类原本只用作休闲和娱乐的活动，通过将它们引入学校课堂，不仅可以激发学生的学习积极性，而且增添了课程色彩。休闲体育运动与体育课程的协调融合是新时期体育教育创新理念，这符合以人为本的教育理念，从而满足学生的个体需求。由此可见，体育课堂中将引入更多的具有特色的休闲运动项目，为学校体育注入新鲜活力，休闲体育运动与学校体育的结合是必然的发展趋势之一。

发挥学校在学生体育休闲方面的主导作用。在新的教育理念下，学校、社会和家庭应形成三位一体的教育系统，形成良好的教育衔接和融合，因此学校应充分发挥主导作用，这是现代教育的需求，也是促进社会发展的可行选择。

由于学校教育具有良好的资源和环境，因此可充分发挥学校体育场馆、专业师资力量和技术指导等优势，结合学生的家庭和社区运动特点。开展内容丰富的体育竞赛、表演、训练等，为学生的终身体育习惯和健康休闲方式创造良好的教育环境。在社会主义市场经济发展背景下探索公共教育场所的管理体制，充分挖掘校外社会教育机构的公益潜力，发挥其福利和教育价值，如各级业余体育学校、各类业余体育俱乐部、文化馆、青少年教育基地，优化利用这些场所的体育休闲服务教育功能。

二、休闲体育运动的功能

（一）强身健体

现代生物科学和运动训练学理论研究表明，科学的体育运动可以提高人们的身体素质，对于预防疾病和益寿保健等均有显著的促进作用。工业化、机械化和自动化的普及，逐渐将人们的劳动力降到最低，从而有更多的闲暇时间参与到体育运动训练中。形式多样的休闲体育运动与人们健康生活的联系日趋紧密，它不仅可以提高人们的体质健康水平，还可以放松和愉悦精神。

（二）丰富文化生活

人类的物质文明与精神文明随着时代的发展呈现和谐的发展状态，随着社会文化的发展，人们的物质生活有了较大的改善，人们更加重视对精神文化的追求。文化一词涵盖了诸多项目内容，而体育就属于一种社会文化，丰富多彩的休闲体育运动更具文化内涵。休闲体育运动给人们的闲暇时间带来了娱乐和消遣，可以满足各个阶层群体的不同体育需求，成为社会文化生活中的重要组成部分。休闲体育运动可以提高人的精神素养，对人们的审美、文化素养等都是一种熏陶，对人们素质的全方面均有提升效果。休闲体育运动不但可以丰富业余文化生活，也对社会主义精神文明建设起到积极的推动作用。

（三）愉悦身心

休闲运动的内容非常丰富，具有独特的文化性、非功能性、主动性、新奇乐趣性和艺术性。人们直接或间接参与休闲体育活动，可以充分享受体育运动的乐趣，还可以表现自己的能力，施展个人才能，获得身心满足和快乐。

（四）完善自我

休闲体育不仅是一个简单的娱乐活动，还是一种自我提高的教育过程，包括学习运动技术，体育发展，培养人际交往能力，增强自信心，培养合作精神和竞争意识。休闲体育也是一种寓教于乐的良好教育形式，在参与的过程中，可以学习相关学科的知识，使身心得到充分的自由和均衡的发展，并完善自我。

（五）培养能力

在休闲健身方面，人们应特别注意在健身过程中培养自己的能力，特别是大学生，要注重技能教育和培训，加强体育娱乐和健身活动。

自己解决问题，是休闲健身活动中做的第一件事。从确定要开展什么活动，解决交通问题、准备电器和必需品，直到活动中遇到的所有问题，都必须自己解决。

拥有适应生活的能力是人类优于其他动物的显著特征。随着现代文明的发展和生活条件的改善，现代大学生在选择休闲健身活动时，有必要有意识地选择有助于提高生存能力的项目，以加强这方面的培训。

第五章　休闲体育文化的构建

　　如今，正在形成一种文明、健康、科学的体育生活方式，新型的、现代化的体育生活内容越来越受到人们的认同和肯定，人们的体育生活方式已从以往的健身为主的单一形式，走向娱乐、消遣、健身、交际并举的多元形式，从同质性、单一性向异质性、多元性进行转变。

第一节 休闲体育与不同类型文化的互动

休闲体育活动的出现标志着现代社会的人们从对物质需求的满足转向对精神需求的满足，休闲体育活动本身就是一种文化活动。

如果从古希腊哲人的观点来认识休闲体育，它是一种生活方式；从现代社会的视角来看待休闲体育，它标志着人从物质需求的满足转向对各种精神文化需求的满足，休闲体育本身就是一种文化活动。所以，作为生活方式的休闲体育与文化诸领域有着千丝万缕的联系，文化诸领域也会影响到休闲体育活动和休闲体育行为。例如，与休闲体育密切相关的时间观念，就是一种文化事项。

对文化诸领域的划分，历来就很难找到一个标准的范本。文化事项的多元化，文化结构的多层次化，给这种划分带来极大的困难。本文主要通过借鉴詹姆斯·罗尔在《媒介、传播、文化》中的研究成果，从主流文化、地域文化、大众文化方面对休闲体育文化进行分析。

一、主流文化与休闲体育的互动

在我国，主流文化是指社会主义生产方式、法律等制度下所反映出的文化取向、价值观念和根本意志。主流文化的产生和发展与国家性质息息相关，是以国家根本利益为目的，具有教育和引导性的作用。

自周末、春节、国庆假期等休息制度改革以来，人们的休闲理念、时间和行为也逐渐丰富起来，这正是促进休闲体育产业发展的政策导向。休闲体育政策的制定，保证了人们拥有大量的休闲体育时间，使休闲体育活动的产生成为可能。主流文化通过政策引导和调控着人们的休闲体育方式。国家通过制定一系列的条例、措施，监管和控制着休闲体育场所的供给和产品的提供，由此来引导人们积极地进行休闲体育活动。另外，通过制定学校教育大纲、实施学校教育来培养人们对休闲体育的兴趣，从而达到规范休闲体育行为的目标。主流文化引导着人们的休闲体育取向。主流文化趋向于统一、集中、整体、权威，并倡导积极的社会道德规范体系，通过这种方式引导着人们休闲体育的价值取向。

不过，休闲体育也与主流文化之间有一个互动的过程。民间流传的积极的休闲体育方式、大众对休闲体育的认知等，也会逐渐被主流文化所接受，并融入其中。例如，现在大众所倡导的积极、科学、创造性的休闲体育活动，就是随着人们对休闲体育认知的不断提高，逐渐为主流文化所认同，成为主流文化中评判休闲体育行为的标准。

二、地域文化与休闲体育的互动

由于地域条件的不同，对于个体来说地域文化则是他们存在的特定标记和象征。例如，河南人、广东人、北京人、上海人都是在中国文化这个大范围中的文化身份的一个标记。由于地域文化是在长期的历史发展中不断形成并巩固下来的群体性文化，因而与特定的地域环境有着密切的联系，并且具有一定的认同边界。因为在不同的地域环境的背景下，历史发展进程、文化传统都影响着不同休闲体育文化的形成，在不同的文化环境下，价值观、认识论均会有很大的不同。

地域文化与休闲体育的互动主要表现在以下几方面：首先，作为文化核心的价值观决定着休闲体育的取向和态度。价值观作为一种文化中最稳定的物质，对文化诸要素起着决定作用。其次，地域文化作为一个文化共同体，是当地居民关于休闲体育的地方性知识。地域文化与休闲体育的互动作用，不仅体现在构成地域文化诸要素的文化因子对休闲体育观念的影响，同时也是当地人结合传统观念形成的对休闲体育的阐释。地域性的休闲体育观念是人们在长期的生产活动中创造和建构起来的，不同的思维习惯、生活方式、生活态度等都会影响休闲体育观念的形成。

当然，一个地域的休闲体育传统不仅源自当地文化，外来的休闲体育理念也在影响和改造着当地的休闲体育观。任何外来的文化进入一个稳定的传统文化结构中，必将发生调适性的变化，才能为当地文化所接受。也只有在这样的不断互动的过程中，地域文化才能保持持久的生命力。新兴的、时尚的休闲体育方式进入当地社会后，经过当地人的改造，转变成为被他们所接受和认可的方式，这就是休闲体育与地域文化的互动效应。

三、大众文化与休闲体育的互动

大众文化指源于普通人的创造力而产生的艺术与风格,并根据人们的兴趣、偏好和品位流传于大众之间。大众既是文化的创造者,同时,也是文化的传播对象。

大众文化对休闲体育价值取向和休闲体育行为均会产生巨大的影响。首先,大众文化追求娱乐效应,这必定会对人们的休闲体育意识产生较强的影响。大众文化显著的特征就是其象征性,代表当今最流行的娱乐方式,例如近年来较为流行的有登山、远足、滑翔等休闲体育运动类。其次,大众文化中的个人主义娱乐色彩对人们的休闲体育观念倾向影响也越来越大。单纯着眼于工作与休闲体育的是非高低的价值判断标准,很难形成一种健康的休闲体育观念。而大众文化的兴起,所倡导的娱乐观念对人们的休闲体育态度和认知具有重塑作用。

此外,休闲体育也会对大众文化产生影响。休闲体育活动本身也是在创造一种新的娱乐方式,一种娱乐文化,它同样也具有时尚性的特征。新的休闲体育方式的兴起也被纳入大众文化的传播的内容中,与大众文化产生积极的互动。

第二节 休闲体育文化的影响因素

休闲体育活动本身就创造出了一种文化,同时休闲体育文化本身也是一种文化,是主体文化中关于生活方式和闲暇方式的文化。对休闲体育文化的分析必须从社会学、文化人类学的角度来分析,把休闲体育文化作为一种行为方式和生活方式来看待。

从休闲体育文化的内核来看,价值取向是其决定性的因素,不同的休闲体育价值观影响着休闲体育文化的形态,其他影响因素存在自适应性的作用。然而价值取向又与地域文化有着密切的联系,因此地域文化(尤其是价值取向)也决定着休闲体育文化。自然环境条件的地域性对休闲体育文化的形成具有间接作用。另外,地区经济发展水平的差异和社会文明进程的差异,也是制约城市休闲体育文化特征的重要因素。

一、价值取向对休闲体育文化的影响

价值观具有某种规范维度，它指导人们如何看待生活中存在的问题，判定什么是值得去追求和把握的，什么是不值得去努力的，因而它是人们思维模式的一个具体再现。而价值取向是价值观的具体化，是在价值观的指导下形成的对一定事物的看法和态度。它的形成受到自然环境、历史背景、生活方式等文化生态因素的影响，具有多样性。所以，不同的文化群体有不同的文化价值取向，而这种价值取向上的差异则表现在思维、行为、知觉、对态度的理解、动机以及人的需求等方面。从价值取向的结构上来看，人们对活动的取向与时间的关系、空间取向与自然的关系等方面对休闲体育文化有着重要的影响。例如，追求将来的时间观的群体更易对休闲体育保有积极的态度，对自然的态度采取和谐态度的群体更易采用亲近自然的休闲体育方式。由表 5-2-1 可知，不同层次的价值观决定了不同的休闲体育态度。

表 5-2-1 文化价值取向与休闲价值关系表

文化价值取向		休闲价值
与自然的关系	服从	贴近自然的休闲观
	和谐	天人合一的休闲观
	控制	注重自我实现的休闲观
活动取向	行事	追求对休闲的占有和控制
	存在	追求休闲的过程
	成为中存在	追求在休闲中的自我实现和自我满足感
与时间的关系	过去	不太注重休闲时间的充分利用
	现在	注重休闲时间的有效利用
	未来	注重休闲时间的高效利用

续表

文化取向的模式变量		休闲价值趋向
空间取向	私人	个体性休闲行为
	亲密	
	个人	
	社会	群体性休闲行为
	公共	

二、地域文化对休闲体育文化的影响

文化是人对周边事物的解释和阐释的主体，文化的适应性、整合性和变异性特征造就了文化的地域差异。从认知层面上来看，不同的群体有不同的思维方式，而这种思维方式与特定的地理环境有着密切的联系。因此，在不同的地理环境作用下形成了不同的地域文化。但这不是说一个地方的地域文化就能脱离开母体文化，完全与主体文化割裂开来，成为独立的个体，它实际上是一种民族文化，或者更准确地称为地域性的亚文化，是随着地理、历史、政治与经济力量、语言以及宗教等方面的差异而演变的。正是在这些因素的共同作用下，使得地域文化从行为模式、思维模式、风俗习惯、生产制度等方面表现出来，形成一定的文化模式，并影响到其他各层次的文化。

三、风俗习惯对休闲体育文化的影响

风俗习惯是民族心态的一个重要表现形式，它直接反映并影响一个时代的民族精神和生活面貌。人们最早的休闲体育活动就与风俗习惯有着密切的联系。古人的岁时节庆和礼仪活动就可以看成休闲体育行为，人们在社会交往的过程中，形成了稳定的社交礼仪和社交规范，在其后的发展过程中很大一部分都被融入休闲体育的活动中，形成了迥异的休闲体育文化形态。

四、教育对休闲体育文化的影响

不同的民族有不同的教育模式和教育内容，教育是一个族群传承自己传统文化的重要途径，一个族群的文化观念是通过教育实现代与代之间的延续。教育的最大目的在于教会人们如何思考，帮助每个人树立起一个被广泛认同的认知方式，形成独立的族群认同感和个人性格，概括起来教育的功能就是传递文化、转变（过渡）与改造的功能。教育目标的实现决定了其途径不仅应包括正规的学校教育，同时家庭教育和社会教育也是很重要的一部分。

休闲体育价值观正是在教育过程中不断传承给下一代，这既是文化传承的机制，也是文化再生产的过程。儿童在生命的开始阶段就不断地从周围的亲属、同学、朋友中学习不同的休闲体育观，并由此对这种休闲体育观产生适应性的反应，影响着自身的休闲体育态度和休闲体育行为。

五、经济发展水平对休闲体育文化的影响

经济水平决定了一个社会中居民的消费水平、消费构成、消费方式，这在一定程度上影响了休闲体育文化。休闲体育活动本身就是一种经济活动。休闲体育不仅是为了达到身心的愉悦和放松，同时也是一个消费过程，一方面是一个服务性消费的过程，另一方面也是对时间的消费，这都要求必须在收入水平达到一定的层次上才可能产生休闲体育的需求和欲望。

六、社会结构对休闲体育文化的影响

（一）社会互动对休闲体育文化的影响分析

社会互动可以理解为社会互动交往，是指人与人之间通过传递象征符号意义而相互作用、相互影响的过程。许多休闲体育活动实质上都是这种性质的社会交往。人们在进行休闲体育活动时，不仅要符合人们对休闲体育认知的规范，还要满足社会文化中的规则的约束。由于休闲体育是一种个人体验和一种精神状态，人们的休闲体育行为是一个与环境交互影响的过程，因此当休闲体育发生于社会交往中时就难免受到它的影响，改变休闲体育行为，并不断重复和巩固这种方式，

最终形成符合群体观念的休闲体育行为和休闲体育态度,对休闲体育文化产生影响。

(二)社会心理对休闲体育的影响分析

中国古代思想家荀子说:"人之生也,不能无群。"人从诞生之初就与父母、亲戚保持着密切的联系,组成了初级群体。随着长大成人,逐渐融入小学、中学、大学的同学群体中,工作后不断与周围的同事产生联系,又进入这些群体中。在进入的同时,个体不仅把自己的心理特征逐渐融入各个群体中,同时每个群体的心理特征也潜移默化地影响着个体,使个体感受到巨大的群体压力和群体规范,进而能够形成一致的态度和观点。社会心理对个体的影响主要表现在个体社会心理、人际关系心理、群体心理三个方面,其中后两方面对休闲体育文化的影响较大。

(三)社会年龄结构对休闲体育文化的影响分析

休闲体育文化作为人们对自身休闲体育需求的满足手段和个体对休闲体育认知的解释方式,必然会随着社会结构的变化而发生变化。而年龄结构对社会休闲体育文化产生的影响,在各种社会结构中是主导性的。不同的年龄、不同的生命历程对休闲体育文化有着不同的影响。由于人们在人生的不同阶段的需求和目标有很大的差异,个人所处的社会环境有很大差异,社会对个体的预期和个体的自我认同有很大差异,在休闲体育态度和休闲体育行为上也会反映出这种差异。

生命历程也可理解为生命周期,是指一个人从出生、发育、成年到衰老死亡的整个过程。在生命的不同阶段,其环境和心理、生理都在发生变化。具体表现如图5-2-1所示:

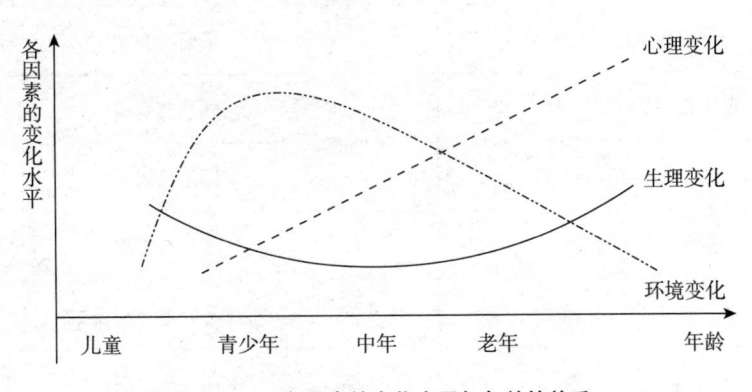

图 5-2-1 各因素的变化水平与年龄的关系

个体处于不同的发展阶段，所面临的社会压力、生存环境、兴趣目标都会有很大的差异，如表5-2-2所示，个体在不同的人生历程的不同阶段及其困境。在不同的生命历程中个体的需求不同，生活目标也不同，生理素质也不尽相同，由此决定的休闲体育行为也有很大的差异。例如，个体在退休后，更多地趋向于把休闲体育作为生命中重要的组成部分，休闲活动也局限在一些低技术门槛的、静态的、被动的休闲，如逛公园等，对休闲体育的态度也会更趋向于肯定。而在青年时期，发展成为主要的需求，工作是首要的目标，休闲体育成为社会文化和信息交流的重要手段。不同的生命历程也决定了个体在学习休闲体育方式上的差异，形成不同的休闲体育风格。总体看来，由生命历程决定的工作时间、年龄、生活角色、婚姻状况、社会阶层、经济状况、健康状况、之前的休闲体育经历等都会影响到个体对休闲体育的价值取向，进而影响到休闲体育文化。

表5-2-2 人生历程的发展与困境

时期与年龄	发展困境
幼儿：0～12月	情绪满足与感受运动的体验
童年早期：1～2岁	顺从与自我控制
依恋期：3～5岁	表达性与工具
童年后期：6～11岁	与同龄人的关系和社会对自己能力的评估
青少年早期：12～15岁	接受与成绩
青少年后期：16～18/20岁	亲密与自主
青年：19/21～29岁	联系与自决
成熟期早年：30～40岁	稳定与成就
成熟期：45岁至退休	尊严与控制
退休：至失去自理能力	有意义的融合与自主
无法自理：至死亡	生存与接受死亡

第三节 休闲体育规范

谈及休闲体育规范，首先要明确规范的含义。在中文中，把规范解释为"规者，正圆之器也"[1]，指校正圆形的用具。诚如《尚书序》所述："所以恢弘至道，示人主以轨范也"[2]。英文的规范——norm 则指思维模型或准则上的规则，是据以控制、评价我们和他人的行为的标准，因而规范的目的在于建设规范性秩序，以此来实现合作的结果。结合此种观点，本书所讲的休闲体育的规范则可解释为休闲体育的标准和典范，其中包含两个层次：如何规范休闲体育和休闲体育的典范，即休闲体育的价值取向和休闲体育的价值评判标准的问题。

一、休闲体育理想

尽管不同文化模式下有不同的休闲体育取向，但随着人类发展进程的规律化和同一化，人们在对休闲体育的追求目标上也逐渐同一化。休闲体育除达到身心放松的目的外，还应有更高的追求。休闲体育不仅应成为一种生活方式，更重要的是在休闲体育中所获得的心理体验和自我实现。这是维系休闲体育活动持续进行的动力所在。回溯历史，可以发现在古希腊时期先哲们就提出了自己的休闲体育理想。亚里士多德就曾提出，教育、文化活动与富于情趣的生活是古希腊人休闲体育的核心部分，表达了在休闲体育中不断体现和丰富个体价值的作用。可见，在他的观点中，"成为自由人"是核心观点。休闲体育的终极目标在于能够自由地支配和控制自己的生活，自由地思考和辩论。通过这样的过程，才能达到塑造优秀品质和美德的目的。同时，通过休闲体育教育，可以培养人们作出正确的休闲体育价值判断。

如果说亚里士多德给我们提供的是一个讲求自由意志和自我发展的休闲体育，那么奇克森特米哈伊则指出休闲体育的理想在于一种完美的心理体验——"畅"（flow）。"畅"是一种可以在"工作"或者"休闲体育"时产生的一种最佳

---

[1] 孟子. 孟子 [M]. 哈尔滨：北方文艺出版社，2019.
[2] 陈以凤. 孔安国学术研究 [M]. 济南：山东人民出版社，2013.

体验。可见，这种"畅"的体验是建立在一定的技能基础上的。只有既有难度又不会超出个体的技能范围的活动，才具有"畅"的体验。因此，对于一些看电视等简单的娱乐活动来讲，是不可能有"畅"的体验。为了达到这种境界，人们必须掌握一定的休闲体育技能，从事有一定智力和能力要求的活动，这样才能实现这种休闲体育理想。

通过以上的分析可见，休闲体育是通过参与这个过程而获得的快乐的体验，是人幸福感的主要源泉。

二、休闲体育的价值标准

虽然休闲理想以身心愉悦为目的，但在不同的文化情境下，人们对休闲体育理想的观念是不同的，不同人群在选择休闲体育方式时也有很大差别。休闲体育理想和休闲体育行为之间并没有明显的一致性。例如，中国古人所倡导的宁静致远的休闲体育活动，与现代人们所追求的消费型的休闲体育活动肯定是不一样的。虽然都能达到愉悦身心的目的，但二者所代表的文化意义是不同的，因而可以说在不同的文化观念下，形成了不同的价值评判标准。良好的休闲体育价值标准是一切健康休闲体育行为的源泉，必须加以鼓励。

那么何谓良好的休闲体育价值标准呢？具体看来，良好的休闲体育价值评判标准就是既要使休闲体育参与者能够全身心地投入以达到身心愉悦，同时也要符合社会规范和伦理道德。休闲体育价值标准不仅与个体有关，同时也要能体现社会的道德规范标准。什么是积极的行为，什么是消极的行为，在不同的社会中、不同的文化情境下都会有不同的阐释。社会和文化正是通过构筑这样的控制网络来规范人们的行为，避免失范行为的出现。当然，也必须建立一套惩罚措施，对失范行为进行惩治，这是保证社会良性运行的基础。

价值评判标准是如何形成的呢，首先，价值评判标准是在长期的发展过程中逐渐被群体所共同认知的，因而与该社会中的世界观和认识论有着密切的联系。世界观和认识论是人们对于社会中最基本问题的看法和观点，对态度和价值取向有着决定作用。其次，价值评判标准与社会公认的道德体系有着密切的联系。最后，价值评判标准是不断发生变化的。价值评判标准与人们不同时期的需求是一个渐变的关系，不同的社会、经济、文化发展阶段将会产生不同的标准体系。这是由在不同的认识阶段人们对休闲体育的观点以及取向上的差异决定的。随着社会文明的进步，人们对休闲体育的价值评判标准将越发地趋向于休闲体育的理想观念。

第四节 休闲体育教育

现代英语中的休闲体育教育可以包括三个不同的解释：第一，把休闲体育作为一门教育的学科，主要侧重于传统休闲体育活动的学习，如体育、游戏、艺术、竞赛等，它是学校教育的一个重要组成部分，也是中小学课程的重要组成部分；第二，把休闲体育作为一种教育的情境，通过休闲体育进行教育，如通过夏令营活动达到教育的目的；第三，把上述二者观点结合起来，它是一个宽泛的抽象概念，不仅指学校中进行的休闲体育教育，还包括社会中其他各种类型的休闲体育教育。

20世纪以来，我国学者围绕着休闲体育与教育的关系展开了激烈的讨论，对休闲体育教育的内涵及外延还未达成一个共识，更多的是侧重休闲体育的教育价值讨论。

休闲体育与教育有着密切的关系，一方面是由于人们在工业快速发展的背景下需要学习休闲体育的态度，另一方面是在现代社会的语境下人们更需要学习休闲体育的方式。同时，大多数休闲体育活动都与教育有着极大的相关性，教育在有些休闲体育活动中成为主要内容。因而，休闲体育教育可分为两方面：对休闲体育态度的学习和休闲体育技能的培养。

一、休闲体育教育的内容

（一）休闲体育教育与人本主义教育

休闲体育教育与个人本位教育观是不谋而合的。个人本位教育观又称人本主义教育观，其强调教育的目的在于促进个人的个性和理性发展，即培养全面和谐的人。这一观点起源于亚里士多德的"自由教育理论"，当论及自由民的教育问题时，他就认为把音乐列入教育中是为了闲暇时间的精神享受。到文艺复兴时期，自由教育观点重新复活，一些人文主义思想家认为，教育的目的应立足于个人的全面发展与完善，教育的核心内容是心志训练，而不是专业职业技能。到近代，纽曼针对大学教育中的功利主义倾向提出了他的人文教育思想，即大学教育的宗旨在于训练心志，培养个人的高尚品德和高雅情趣。

在我国的殷商、西周时期，高等教育的培养目标是"大学之道，在明明德，在亲民，在止于至善"。教育内容以"六艺"（礼、乐、射、御、书、数）为主。在后来中国延续数千年的儒家教育传统中，"修身"是主要目的。现代教育追求人的全面发展的观念与之一脉相承。西方传统的大学教育观念源于古希腊的人文教育，在古希腊，教育的目的在于培养公民（自由民）。教育内容包括文法、修辞学、辩证法、音乐、算术、几何学、天文学，这些内容称为"七艺"（七种自由的艺术）。"七艺"的目的不是给学生一种职业训练或专业训练，而是通过几种学科基本知识和技能教育，培养一种身心全面发展的理想人格。

因而，在休闲体育教育中充分体现人本主义教育的色彩，强调休闲体育价值观的引导在个体个性发展中的作用，塑造良好的人格特征，是很有意义的，同时这也体现了休闲体育教育的主旨所在。

（二）休闲体育教育的本质

休闲体育教育意味着帮助人们培养休闲体育技巧和休闲体育鉴赏力，以使他们现在和将来的自由时间能得到很好的利用。休闲体育教育是一个缓慢的、循序渐进的过程，需要传授一定的技巧并要练习这些技巧。休闲体育有助于帮助个体了解世界，保持身心健康，充分享受生活，从这个意义上讲，休闲体育是教育过程中富有活力的一个组成部分。因此，加强休闲体育教育很有必要。

1. 休闲体育技能的培养

在教育体制中，休闲体育教育应占一席之地。应该以休闲体育活动的参与为基础，不断提高休闲体育技能，建立起一套教育理念。从最本质的、最贴切的意义上理解教育——一种思考和学习的过程。

很多休闲体育活动没有一定的技巧就不能享受其中的乐趣，而这些技巧是要通过正规学习才能掌握的。休闲体育教育能够传授技巧，培养鉴赏力，使人们产生对休闲体育活动的兴趣；更为重要的是休闲体育教育能够培养正确的休闲体育价值观，使人们选择积极的休闲体育方式，使个人的兴趣和评价能与那些最值得让人追求的休闲体育活动相吻合。

2. 健康休闲体育观念的塑造

良好的休闲体育观直接关系到休闲体育的体验，而良好的休闲体育教育是塑造和明确休闲体育价值观和休闲体育目的的过程，它能够帮助人们自主地确定休闲体育在生活中的位置，使人们学会如何从休闲体育的角度来认识自己；同时，也能够帮助人们建立起评判休闲体育行为的标准体系，引导人们进行积极、健康的休闲体育。

现代社会，休闲体育方式的供给和休闲体育态度的培育可以缓解社会的冲突和压力，家庭需要休闲体育习惯的培养来增进家庭成员之间的了解，个人也需要转变休闲体育观念，掌握日期调适的技巧，通过休闲体育活动来舒缓社会压力，达到身心的放松。而观念的转变无疑成为这样一个转变过程的核心，不同的休闲体育价值取向主导下的休闲体育行为是有巨大差异的。所以，在休闲体育教育中把健康休闲体育观念的培养居于核心地位，是休闲体育教育成功与否的关键点。

具体来说，健康休闲体育观念的培养应包括以下几个方面的内容：第一，转变现有工作伦理；第二，重新审视休闲体育的价值及意义；第三，倡导积极健康的休闲体育活动。其中，前两方面的内容是休闲体育态度重塑的关键。首先转变现有的工作伦理就是要重新认识工作与休闲体育之间的关系，重新审视时间的价值及内涵。有三个层次的时间，一是亚里士多德的作为运动的数量的时间概念，二是康德的作为先验的时间概念，三是如本雅明所说的治理时间的概念。我们更推崇第三个时间的概念，时间是客观存在的，它穿越了过去，并出现在现在，因此不能把时间作为功利的消费品，要讲求在时间中获得的心理体验。基于这样的观点，工作与休闲体育就不是完全决然对立的，而是互补的，并没有严格的时间划分。其次，重新审视休闲体育的价值，应把休闲体育作为个人提高修养及智力的重要手段，不仅仅出于放松身心的目的，更多的是从实现自我的视野来看待休闲体育。只有这样，才能在休闲体育中达到"人之为人"的目的。

二、休闲体育教育的供给

如果说休闲体育教育是一种公共产品,那么就存在供给和需求的问题。前文主要探讨了休闲体育教育的需求问题,这里主要探讨休闲体育教育产品的供应问题,也就是谁来进行休闲体育教育的问题。

凯利的研究发现,年轻人往往是从他们的父母和朋友那里,而不是从学校里得到了最初的休闲体育教育。的确,学校教育只是人生经历的一部分,不可能提供持久的、具有普遍适用性的休闲体育教育。同时,在不同的社会化阶段所处的环境不同,休闲体育价值取向也会发生变化,学校不可能提供给学生作为日后休闲体育典范的休闲体育经验和休闲体育技能。正因为这些局限性,注定学校教育只能是在一定的方面、一定的时间内发挥作用,进而要求休闲体育教育提供的多渠道性。其中包括从家庭教育到地方性休闲体育服务机构,以及政府政策引导性教育等。家庭从小塑造人们的休闲体育观,学校教育教会人们休闲体育的技巧,社会规范人们的休闲体育行为。休闲体育教育的供给主要包括以下几方面:

(一)家庭休闲体育教育

家庭是个体最早进行社会活动的地方,也是休闲体育教育的重要场所,因而能较早地把个体带到休闲体育活动中来帮助他们培养休闲体育技巧和休闲体育鉴赏力,以使个体在成年后能够自由利用越来越多的休闲体育时间。而且,休闲体育教育也是一个循序渐进的过程。家庭通过日常生活的耳濡目染不断熏陶个人,培养休闲体育技巧,塑造休闲体育态度,引导休闲体育行为。同时,在个体成长过程中,良好的休闲体育经历还会形成良好的休闲体育印象,进而引导个体积极乐观地去进行休闲体育。家庭休闲体育教育的重点是培养积极的休闲体育态度,掌握基本的休闲体育技能。

(二)学校休闲体育教育

学校教育是一个人在一生中较集中地学习知识的时期,所花时间也较长。学校教育是一个从幼儿园就开始的循序渐进的过程,同时也是一个不断发展变化的过程。随着受教育者年龄的增长,休闲体育需求也在发生变化,对休闲体育技能的要求也在不断提高。因而对学校教育而言，最重要的就是如何在知识讲授的过程中潜移默化地渗入休闲体育教育的内容，并根据不同年龄段的需求进行多样的休闲体育教育。为了达到这个目标，很重要的一点就是学校首先要创造一个健康休闲体育的氛围。具体地说，可以在学校硬件设施的设计上增添一些休闲体育氛围，增添装饰。可以在课堂教学中加入一些娱乐性学习的成分，并给学生以自由实践的机会，在课余时间里鼓励学生更多地参与游戏、发展兴趣爱好。

（三）社会休闲体育教育

社会休闲体育教育可以通过社会这个大的支持系统来完成，包括地方性休闲体育服务机构、城市休闲体育和娱乐管理机构、国家级休闲体育娱乐产业管理职能部门，共同组成一个社会休闲体育教育系统。主要提供休闲体育技巧的正规指导和现有休闲体育资源的信息、介绍休闲体育新理念、满足特殊人群的休闲体育需求、提供特殊的休闲体育安排等。目的就是营造一个休闲体育终身教育的平台，满足不同时间段人们的休闲体育需求，引导人们进行健康休闲体育。这个大的社会休闲体育教育网络由各个职能部门组成，并由国家休闲体育产业发展部门负责，保证各个休闲体育服务机构能积极地参与到休闲体育教育中来。尤其是要加强针对成人群体的休闲体育教育，吸引社会中的弱势群体能真正地参与到休闲体育活动中来。要通过调研了解不同社会群体的休闲体育需求，使休闲体育产品多层次化。

第六章　不同群体的休闲体育活动

现代社会休闲、娱乐以及旅游业等逐渐走向繁荣，现代人逐渐摆脱工作和日常繁杂事务的桎梏，开始享受越来越多的可自由支配的余暇时间。本章针对不同群体的休闲体育活动进行了深入的分析，分别介绍了老年人的休闲体育活动、女性的休闲体育活动和少年儿童的休闲体育活动。

第一节　老年人的休闲体育活动

　　人类社会的发展，生活方式的改变，医疗保健措施的完善以及人们观念的转变，使人类平均寿命在不断地增长，许多国家人口的年龄结构正逐渐发生变化。西方已有不少国家进入了老龄化社会，老年人的生活和健康问题日益突出。我国人口的年龄构成已向老龄化社会迈进，老年人占整个人口的比例越来越大。因此，老年人问题，包括老年人的生活方式、社会保险、医疗保险以及身体健康等方面，是全社会不可忽视的。老年人健康问题是老年学研究的一个重要方面，而与健康有直接联系的身体锻炼和休闲娱乐活动，又是保证老年人身体健康的主要内容之一。老年人有大量的闲暇时间，如何有利、有效地度过这些时光，并有益于老年人身心健康是一个十分重要的社会问题。

　　当然，老年人的休闲体育活动必须针对老年人的心理和生理特征来进行。虽然以老年人为对象的休闲体育活动可以改善参加者的身体状况，但由于老年人的疲劳消除较缓慢，因此，以老年人为主的休闲体育活动应严格控制其运动量和活动时间。一般来说，老年人的休闲体育活动不宜选择那些紧张用力程度大和速度过快的运动项目。同时，还应尽量避免静止用力的练习和憋气的活动内容。所以，充分了解老年人的身心特点，在从事休闲体育活动时，按照人体科学规律办事并注意锻炼中的有关事宜是很有必要的。

一、老年人的身体特点

　　人到中老年时，常常是肢体活动不便，行动缓慢，不爱活动，这会导致身体的新陈代谢减弱，血液循环变慢，肌肉松弛，胃肠蠕动与吸收减弱，呼吸表浅。衰老伴随着人体的抵抗力降低，导致老年人容易生病，因而人们常常把"老"与"病"联系在一起。但是，只要老年人根据自身机体的生理特点，适量安排合理的体育锻炼和参加适当的休闲活动，就可在一定程度上延缓机体的衰老，保持良好的身体功能，促进和维护健康。

(一)中枢神经系统

老年人大脑细胞随年龄增加而逐渐减少。因大脑细胞的减少,脑的功能便随之减弱,表现为对外界刺激的反应迟缓,记忆力降低,神经系统易出现疲劳且恢复缓慢,大脑对身体各器官系统的调节功能减退。

然而,坚持参加适当的休闲体育活动能延缓老年人脑动脉硬化的过程,使脑动脉血中的氧含量增加,从而改善脑细胞的供氧状况,减轻脑血管和脑细胞的萎缩,维持其正常的功能。此外,通过肌肉骨骼系统的活动,可刺激和调整老年人大脑皮层的兴奋和抑制功能,提高大脑对身体各部位和各器官系统的神经支配调节能力,从而使整个机体的功能处于良好的状况之中。事实证明,经常参加适当的休闲体育活动的老年人大多精神饱满、耳聪目明、判断力强,对周围事物的反应较快。

(二)心血管系统

老年人的心肌组织退变表现在心肌纤维萎缩、数量减少,结缔组织增生,脂肪沉积,因而使心肌收缩力量减弱,心脏排血量少,对体力活动的适应能力下降。老年人动脉血管壁的硬化使其弹性降低,管径变窄,血流阻力增大,血液循环减慢,血压升高。

适当的休闲体育活动可使身体对血液循环系统功能的要求大大提高,促进心脏工作能力的加强。经过一段时间的锻炼,可使心肌的收缩力加强,心脏每搏输出量增加,心搏频率减慢。据观察,经常进行身体锻炼的男子,60岁时的心脏排血量可相当于40岁不锻炼者的数值。此外,休闲体育活动还可增加心脏冠状动脉的血液循环量,使参加血液循环的毛细血管增加,从而改善对心肌的氧气和营养物质的供应,冠状动脉的循环机能得到改善,增强血管的弹性,改变脂质代谢,降低血脂,有助于防止冠心病,推迟动脉硬化的进展,同时又能锻炼外周血管的收缩和舒张机能,加强血管壁细胞的氧供应,促进代谢酶的活力,防止脂肪沉积,因此,能保证血管壁的弹性,预防血管硬化和狭窄的出现。

(三)呼吸系统

老年人肺组织逐渐纤维化,肺泡壁的弹性降低,胸廓活动的范围逐渐缩小,因而，肺功能逐渐减退，进而影响全身的氧气供应。

参加休闲体育活动，特别是坚持以中国传统的医疗体育方法以及专门的呼吸操为锻炼手段，可缓解老年人肺组织的纤维化过程。气功和专门的呼吸操等还可增强呼吸肌力量，扩大胸廓和横膈的活动限度，大大增加新鲜氧气的吸入量和二氧化碳的排出量。改善肺通气和换气功能，增加了氧气对身体各个部位的供应，从而推迟了肺部和整个人体的衰老过程。

（四）消化系统

老年人的腹壁肌肉常常出现松弛无力的现象。由于胃肠道运动变弱，消化能力减退，因而易引起内脏下垂和便秘等疾患。

坚持锻炼身体并经常参加休闲体育活动的老年人会腹肌不松，胃肠张力和蠕动力较好。同时，休闲体育活动可促进对食物的消化和吸收，可消除因食物引起的胃部不适现象，并能防止老年人胃肠功能紊乱，保持大便通畅。

（五）运动系统

老年人的运动器官会随年龄的增长而发生一系列的退行性变化，如骨质疏松、肘关节僵硬、关节活动幅度减小、韧带的弹性退化、肌肉逐渐萎缩、肌肉力量和弹性降低等，因而，老年人容易发生骨折、劳损等。

体育锻炼和适当的休闲活动能有效地增强肌肉力量，改善韧带弹性和关节的灵活性，防止肌肉萎缩，使动作保持一定的协调和灵活。

（六）新陈代谢

老年人身体内部整个新陈代谢缓慢，能量转换不畅，脂肪和糖代谢障碍更为明显和突出，因而常引起体质变弱、肥胖和糖尿病等。

身体锻炼和休闲体育活动可加快体内新陈代谢，加强体内氧化过程，增加细胞的物质能量储备，维持机体工作能力的正常进行。此外，肌肉活动可提高血液内脂肪酸和葡萄糖的利用，这对于防止体内脂肪积聚过多或糖代谢障碍等所引起的各种老年人常见病可起一定的作用。

二、老年人进行休闲体育活动时的注意事项

老年人体育休闲的任务主要是发动和组织老年人参加适当的体育锻炼和有益于身心的休闲活动,以达到增进健康、增强体质、延缓衰老和防治老年性疾病的目的。但是,鉴于老年人的身体特点和心理特点,所从事的体育锻炼项目和要求不可与年轻人相提并论,更不能采取激烈竞争和身体对抗的方式,否则对老年人健康不但无益,反而有害。因此,老年人在进行休闲体育活动时,应注意以下事项:

(一)循序渐进、持之以恒

老年人从事任何形式的身体锻炼,在运动项目和休闲活动方式上都必须注意循序渐进。最理想的是每天都有规律地进行身体锻炼,每周参加体育锻炼不能少于两次,否则锻炼效果会打折扣。

当然,老年人在进行身体锻炼和从事休闲体育活动时,也应当注意人体机能的适应规律和人体生理机能活动能力的变化规律。并且,老年人还应注意,随着年龄的增长和机能的减退,活动量应相应地减少。

(二)量力而行、心情愉快

老年人参加体育休闲活动和身体锻炼时必须遵循量力而行的基本原则。量的掌握应以不感疲倦和无不适感为宜,活动时注意调节运动量和活动范围,如感觉疲劳和吃力,就应适当休息或减少运动量;如果对某一项目不能适应,就应更换项目。

(三)医务监督、保证效果

老年人的体育锻炼必须尊重科学。在锻炼之前应做全面的体格检查,老年人应根据自身状况以及医务人员的建议选择活动项目,并确定适当的运动量。患病期间一般不要从事体力活动,应及时抓紧治疗。

运动量要因人而异。对老年人来说,适量运动,适度掌握十分重要,特别是对患有心脏病、高血压等病症的老年人,运动应适宜。不能向老年人推荐剧烈运动项目,而是主张适量运动。

三、老年人休闲体育活动介绍

适合老年人身体锻炼的休闲体育项目多种多样，如散步与慢跑就有很好的健身作用，特别是对冠心病、高血压、肥胖和糖尿病等常见的老年病有良好的防治作用。气功有助于改善中枢神经系统、血液循环系统以及呼吸系统的功能，调节血液循环并降低血压，增进机体的免疫力，提高新陈代谢和内分泌系统的功能。拳、操可使老年人增强体力，改善运动素质，对健康大有裨益。各种保健功和医疗体操，均有助于防治运动系统的老年病，如颈椎病、肩周炎和腰腿病等。另外，老年人只要有条件、有兴趣、有基础，身体状况许可，还可以参加一些非直接对抗性的运动项目和娱乐活动，如游泳、登山、郊游、网球、门球、垂钓、乒乓球和自行车等。老年人可根据自己的爱好、健康情况，选择其中几项并持之以恒，将有助于身心健康。

休闲体育的项目很多，在此仅选择其中几个适合老年人特点的项目简要介绍如下：

（一）钓鱼

钓鱼是一种陶冶身心的休闲活动，在我国有着悠久的历史。明代的医学家李时珍认为钓鱼可以解除"心脾燥热"，把它作为一种医疗手段来治疗疾病。

当今的钓鱼活动已成为集体育、娱乐、休闲于一体，可以增添乐趣、陶冶情操的综合性体育休闲活动。近几年来，随着离退休人员的增加，钓鱼协会在全国各地相继成立，会员达到几百万人之多。对老年人来说，钓鱼是一种很好的养生方法。

（二）太极拳

人的体能是有限的，但人的知识能力则是无限的，在特定条件下，精神力量可以变成物质力量。太极拳就是把精神和思想的锻炼放在重要的位置，通过经常的意识指导，来锻炼自身对外界环境的适应性。这样，身体必然得到有效的练习，使肢体的运动听从思想的支配，精神、思想和意图通过肢体的运动来体现。太极拳就是要使有限的体力合理地运用，并注重效果。

太极拳对于老年人来说，可起到强身健体、帮助康复的作用。太极拳又是一种有趣味的运动，是很适合老年人参加的体育休闲项目，也是一项实用性强的健身活动。

（三）门球

门球是一项健康、高雅、实用的休闲体育项目。据估计，在我国城市中的离退休人员的老年人群体中，参加门球活动的人数已达百万。

门球具有一定的竞技性，对身体条件的要求不高，活动量不大，动作无太大难度，技术易被掌握，是一项集娱乐休闲、健身、智慧为一体的体育项目。门球具有户外性、集体性、自娱性、简便性等特点。

从门球的特点看，这是一项情调健康、趣味高雅、活动量不大、有一定技巧、方便易学的"轻体育"项目。门球大体有以下几方面的作用：强身健体、悦心怡情、锻炼智力等。

（四）甩手运动健身法

甩手健身，动作简单易行，不需要场地和器材，其中以晨练时段为最佳，不宜在空腹、饥饿、饱餐时锻炼。甩手前，身体站直放松，两眼平视前方，两脚分开，与肩同宽，两臂自然下垂，两掌心向内。甩手时，两臂与身体的垂线之间角度不要超过60°，后摆时与身体的垂线不要超过30°，一般每回练习可摆动100～150次。甩手时要全身放松，心平气和，呼吸自然，愉悦轻松。动作结束后，要做整理、放松运动，如伸展活动、原地踏步等。

第二节　女性的休闲体育活动

近年来，在国际体坛上，我国运动员取得了优异的成绩，尤其是我国的女子运动员的成绩更是可喜可贺。这些都引起了国际体育界以及妇女界人士的广泛关注。我国女性的休闲体育活动的内容和形式也逐渐增多，体现出了由部分传统体育项目，向更适应女性特点、更能反映现代女性生活意识和观念的方向发展。

一、女性的身心特征

（一）女性的生理特征

相较于男性，女性的身体重心较低，平衡力强，女性体内的脂肪含量占其体重的30%，皮下脂肪较厚，但骨骼和肌肉的发育较差。女性的韧带、关节囊的弹性较强，腰部及其他一些部位的关节活动范围较大。但女性的胸腔、肺和心脏的容积较小，因此，肺通气功能和换气功能较低，心输出量比男性少10%，血压较低，心率略快于男性，心肺功能的潜力较小。

女性的生理由于具有平衡性强、韧带弹性好的特点，适合选择一些符合自身生理特征的、协调性强的休闲体育项目。另外，由于女性的骨骼和肌肉承受力较差，胸腔及心脏的容积较男性小，宜多选择一些对力量和耐力素质要求不高、运动量较小的休闲体育项目。

（二）女性的心理特征

女性在认识的心理过程中，多为感性；在情感的心理过程中，多为温和、均衡；在意志的心理过程中，多为薄弱。为此，女性宜选择一些轻快、柔和、多为个人参与形式的休闲体育项目。

由于社会环境的变化和发展，对女性休闲体育项目的选择也产生了较大的影响，比如，我国古代的女性休闲体育项目多为秋千、踢毽子、扔沙包、跳皮筋等。这些项目都有适合在屋内、院内进行的特点。我国现代女性的休闲体育活动项目，通常具有健美的色彩，适应各种人群的健美操尤其受到女性的青睐。

综上所述，我国女性休闲体育活动项目的形成和发展，受到自身生理、心理活动一般规律的影响，同时，还受到了整个社会文化背景的深刻影响。

二、女性休闲体育活动项目

受女性自身的生理、心理特征和社会环境变化的制约和影响，适宜女性的休闲体育活动项目大体可分为两大类：传统民间的休闲体育活动项目和现代健身休闲体育活动项目。这些项目的特点可归纳为运动量小、轻快柔和、健美性强，多为在室内进行的体育项目和个人参与形式的体育项目。

(一)传统民间的女性休闲体育活动项目

传统民间的女性休闲体育项目很多,例如,秋千、扔沙袋、踢毽子、跳绳、跳皮筋、跳板等等,在这里,我们只简要介绍一下秋千、踢毽子和跳绳三种项目。

1. 秋千

秋千是中国传统的女性民间体育游戏之一,其起源众说不一。《古今艺术图》载:秋千,北方山戎之戏……齐桓公伐山戎还,始传中国。有人认为秋千系古代人抓藤条以跳跃迁移而创造的,故名秋千。两千多年来,秋千不仅盛行于民间,而且在历代皇宫后院中都曾十分流行。不少古籍中都记载了女性喜爱秋千的情节,如唐代杨贵妃"醉卧花秋千",宋代女词人李清照的《秋千赋》,《红楼梦》中迎春、惜春和大小姑娘们的"秋千嬉戏"等。

秋千技术多种多样。在汉代,就已有了翻筋斗的动作,唐代秋千要高摆触及树枝,宋代出现了"水秋千",与今天的跳水相类似。现代秋千可以单人荡,也可以双人荡,比赛方法多样,有的以能用脚触及高枝者为胜,有的踏板下系一绳尺,量其高度,以高者为胜。荡秋千活动有助于调节情感,锻炼身体。

2. 踢毽子

踢毽子是民间女子最喜爱的体育游戏之一。毽子有鸡毛毽、纸条毽、绒线毽等。踢毽子的基本动作有盘、磕、拐、绷四种踢法。盘,主要指用两脚的内侧交替踢。磕,主要指用两腿膝部互换踢。拐,主要指用脚的外侧反踢。绷,主要指用脚尖踢。踢毽子的花样繁多,除用脚踢,还可以用头、肩、背、胸、腹代足接毽等。踢毽子是一项良好的全身运动,尤其有利于培养和锻炼女性的灵敏性和协调性。

3. 跳绳

跳绳是一种在环摆的绳索中做各种跳跃动作的体育游戏。这种游戏一边做各种跳跃动作,一边伴唱,女性尤其喜欢。跳绳有单脚跳、单脚换跳、双脚并跳等多种方法。跳时摆绳与跳跃的动作要合拍,可一摇一跳、一摇二跳、一摇三跳。摇绳的方法可前可后,用长绳可两人同时摇,集体轮流或同时跳。跳跃时还可按不同情况编排各种动作花样,伴以节奏与旋律适宜的歌谣。

（二）现代健身的女性休闲体育活动项目

1. 女性体操

体操近几年来已成为我国女性主要的休闲体育活动项目。这首先是由女性的身体特征所决定的。女性四肢较短，上身较长，脊柱弹性好，适合练习各种体操。其次，徒手体操不受场地、器械、时间等条件的限制，运动量的大小也可由参加者本人进行调整，适合不同身体情况的女性参加。近年来，女性的健美意识愈发鲜明、强烈，这也是女性青睐体操的原因。女性体操的内容十分丰富，有女青年健美操、女子哑铃操、女子减肥操、产妇健美操、母子体操等内容。

2. 球类项目

女性所喜爱的球类项目，常常是一些小球类项目，这些项目与大球类项目相比，具有运动量较适宜、动作或运动技术的难度不复杂、对小肌肉群和协调能力要求较高的特点。有板羽球、羽毛球、地滚球等项目。

3. 散步和慢跑

散步和慢跑是十分有益的健身方法，可以采用散步、慢跑、走、跑交替以及退步走等形式。

第三节　少年儿童的休闲体育活动

一、少年儿童的生理发育特征

（一）运动系统

1. 骨骼

少年儿童的软骨组织较多，骨组织内水分和有机物也较多，无机盐较少，因而骨骼富有弹性和韧性，不易骨折，但承受压力和张力的能力不强，在外力的持续作用下易弯曲变形。

2. 肌肉

肌肉的生长发育可通过肌肉与体重的百分比衡量。少年儿童的肌纤维较细，力量和耐力较差，但柔韧性和弹性较好。

肌肉增长的时间相对骨骼而言晚一点，8～12岁时肌肉的增长速度加快。15～16岁时达到最快增长速度。少年儿童肌肉中能源物质储备和毛细血管数量要少于成年人，肌肉耐力不如成年人，活动时易疲劳，但少年儿童因代谢较为旺盛，所以消除肌肉疲劳的恢复速度比成年人要快。

3. 关节

少年儿童的关节软骨较厚，关节囊周围的韧带较松弛，加之关节四周的肌肉不发达，所以关节活动范围较大，灵活性和柔韧性比成年人好，特别是脊柱、髋关节和肩关节的灵活性、柔韧性和活动范围明显超过成年人。但是，少年儿童韧带较为薄弱，肌肉力量较小，关节的坚固性和稳定性比成年人差，如活动用力不当，容易引起关节脱位等损伤。

（二）呼吸系统

少年儿童的呼吸道比成年人狭窄，呼吸道的黏膜上有丰富的血管，容易感冒充血，造成堵塞。少年儿童胸围相对成年人要小，呼吸肌的力量较薄，呼吸运动的幅度变化不大，肺活量和呼吸差都比成年人小。

（三）心血管系统

少年儿童心肌纤维短而细，肌纤维之间的间质少，心脏的重量和容积都比成年人小。少年儿童心肌纤维的特点导致其心脏的收缩力量和心输出量较小，加之少年儿童的新陈代谢旺盛、交感神经兴奋性较强，因而心率比成年人快。

少年儿童血管的主要特点是动脉血管和毛细血管口径相对较宽，而静脉血管则相反，血管的长度也较短，这导致血液流动时所受阻力小。此外，少年儿童血管的发育始终落后于心脏的发育，加之他们的心容积较小，心收缩力量较弱，每搏输出量较小，所以，血压比成年人低。少年儿童的血液量与体重之比大于成年人。

（四）神经系统

新生儿脑重量为成年人脑重量的25%，而同期婴儿的体重只有成年人体重的5%，12岁时基本接近成年人的脑重量。少年儿童神经系统兴奋与抑制过程的转换速度较快，灵活性较好，其第二信号系统的发展落后于第一信号系统，此时具体形象认识力较好。

二、少年儿童的心理发展特征

儿童的感知特点是，感知的无意性和情绪性明显，对事物的感觉以第一信号系统为主，感觉中以视觉和听觉占主导地位，故对动作多以模仿来学习。少年阶段能逐步精确地辨别各种事物，感受性和观察能力有所提高，知觉的有意性和目的性加强。儿童的思维虽然有一定的抽象性和逻辑性，但在较大程度上依赖于直接与感性认识，有很大的具体形象性。少年时期的思维中抽象性的比重增大，有一定的独立思维和批判能力。儿童的想象力在很大程度上是无意想象和再造性想象，其内容往往带有直观、片面、模仿和再现性。少年时期随着抽象思维的发展，想象力也会形成新的变化。

少年儿童的需要是一个复杂的问题，难以明确划分。从总体上看，少年儿童的需要多以自然性和物质性的需要为主，同时逐步地向社会性需要过渡。动机是一个人发动和维持活动的心理倾向。

人的各种活动都有一定的动机，一般儿童的动机多与兴趣爱好直接联系，随着年龄的增长，间接动机才发展起来，成为支配人行动的主要动因。儿童最初对外部事物都有较强烈的好奇心，兴趣广泛但不持久；到了少年时期，兴趣开始分化，以后逐渐具有更大的分化性和选择性。

性格不是人生来就具有的，而是在人的生活实践中逐渐形成的。一般来说，人的性格到中学时期就已趋渐稳定，但性格的形成并不限于儿童、少年和青年时期。在整个人生过程中，性格特征都有可能发生变化。能力通常指完成一定活动的本领，包括完成一定活动的具体方式，以及顺利完成某种活动所需具备的心理特征。能力总是与人的某种活动相联系并表现在活动之中的。

能力的发展与人的发展过程相联系。随着年龄的增长、知识的增加、经验的丰富，能力可在一定程度上得到发展。能力与知识、技能等有关，但并非一回事，能力的形成与发展同素质有密切的关系。能力的发展在很大程度上取决于个性特征的总和。

三、少年儿童的休闲体育活动项目

少年儿童在选择体育休闲娱乐项目时，应以趣味性游戏为主。

（一）大象赛跑

可以选择卷式手纸、纸巾或若干小绳作为活动的器材。根据每个人的身高准备一条长度超过其30厘米的卷式手纸，然后用毛巾或绳子把手纸的一端系在头上，这样看来就像大象的长鼻子，能调动少年儿童的兴趣。比赛开始时在起跑线上站好，将双手放在背后。跑动中如果弄破自己的长鼻子就算输。此活动跑时要小心，因为纸的完好程度要作为计分的条件，加之双手放在身后，所以也需要一定的技巧。

（二）埋、扫地雷

篮球或排球若干，分成相等人数若干组站立。游戏开始时，各组排头分别将3个球闭着眼睛放进相距5米距离的圆圈内，然后睁开眼睛跑回原位触及第二个人的手，第二个人闭眼将球取回，照此循环进行。

注意：埋雷时未把球放进圈里时，本组喊话告知重放后才能返回，扫雷人不得偷看，找球时也由同组人指挥，必须将3球同时取回；以先完成组为胜。

（三）球拍托球

要用到乒乓球及球拍若干。在直径6米左右的圆圈内，十余人每人手持球拍，上放两个乒乓球，托球站在圈内。游戏开始，参加者托球在圈内走动并设法碰触他人，使他人的球落地并尽量保持自己托球的时间。只能单手托球，一球落地后立即出圈，触人时只可用双臂部位，最后落球者为胜者。

第七章　休闲体育运动实践的理论知识

休闲体育运动正逐渐渗透到人们的生活中，越来越多的人参与到休闲体育运动活动中来，理论知识可以帮助我们科学有效地进行休闲体育活动。本章论述了休闲体育运动实践的理论知识，包括休闲体育运动的营养知识、休闲体育运动的运动损伤知识、休闲体育运动的安全卫生知识、休闲运动与营养的科学规划。

第一节　休闲体育运动的营养知识

一、营养素

营养素是指食物中对机体有生理功效的成分，能维持人体的正常生理功能，促进生长发育和健康的化学物质，分为七大类：脂肪、蛋白质、维生素、糖、矿物质、食物纤维和水。一般来说，脂肪和蛋白质为人体提供热能，维生素、糖、矿物质、水和食物纤维则在人体内部起着调节生理机能的作用。

二、营养的作用

随着时代的发展，人们对生活质量的要求和追求越来越高，对健康的渴望和向往也越来越强烈，同时对于食物的营养也有着越来越多的追求。合理的膳食营养和适量的体育运动是身体健康的保证，在进行休闲体育运动的同时，也不能忽视营养的作用。

（一）提高运动能力

人在剧烈运动时，体内细胞的破坏与新生也相应增加。红细胞的组成成分是蛋白质和铁，若不足可引发运动性贫血，影响运动时的氧代谢能力，降低耐久力。因此，及时适量地补充蛋白质是很有必要的。剧烈运动时，体内维生素的消耗也明显增加，激素和酶的反应也很活跃，这些物质的补充都需要通过饮食。另外，在剧烈运动时，体内酸性代谢产物堆积，也需要补充相应的矿物质以消除疲劳。一般塑身类休闲体育运动的能源物质是糖类，强度较高的休闲体育运动则需要更多的脂肪和蛋白质。同时，还需相应地增加维生素及某些微量元素，这样才能提高运动能力，加速运动后体力的恢复，并真正实现强身健体的目的。

（二）促进机体发育

我国随着经济的快速发展，城乡人民生活条件逐步得到改善，青少年的身体素质也有明显的提高。以湖南省为例，2000年与1995年比，城市中7~22岁男生身高平均增长 1~7.2 厘米，体重平均增长 2.82 千克，城市中 7~18 岁女生身高平均增长 2.22 厘米，体重平均增长 1.41 千克。乡村男生身高平均增长 1.62 厘米，体重平均增长 1.23 千克，女生身高平均增长 1.03 厘米，体重略有下降。这些事实充分说明营养改善对青少年身体发育有明显的促进作用。

（三）促进智力发育

中枢神经系统和大脑的发育与营养的关系更为密切，营养能为神经细胞和脑细胞合成各种重要成分提供所需要的物质，促进智力发育。成年人如果营养不良，同样会导致记忆力的衰退，为了维持大脑的正常功能，成年人尤其是脑力劳动者应保证足够的营养。

（四）减少疾病

营养不足或缺乏可直接或间接引起某些疾病，例如机体缺铁导致贫血，缺碘易患甲状腺肿大，维生素 D 和钙缺乏则易患佝偻病等。营养不良使机体免疫力下降，抵抗力降低，传染病的发病率增加，病程延长，影响健康。营养不良还可能引起内分泌失调，并导致一些功能障碍。营养问题是人类生存中重要的问题之一。因而，要精心选择和搭配食物，以保证体内有充足的能量和各种营养素，防止营养不良而导致的疾病。

三、营养食物

不同的食物所含的营养素的种类、数量及比例也各不相同。因此，不同种类食物的营养价值存在着很大差别。

（一）肉类

肉类食物包括家畜家禽的肌肉、内脏及其制品，肉类食物含有各种丰富的营养素，是人类蛋白质、脂肪、矿物质与维生素的重要来源。肉类食物中碳水化合物含量极低，仅有少量以糖原形式存在于肌肉和肝脏中。肉类食物含有丰富的蛋白质，其氨基酸组成和人体蛋白质的结构接近，营养价值高。瘦肉含矿物质也较多，有磷、钾、钠、镁、氯等，红色瘦肉还含有铁。肉类食物中矿物质的含量为

0.6%~1%，主要有磷、钙、铁等，肉类中铁的存在形式有 40% 左右是血红素铁，由于不受膳食因素的干扰，其生物利用率高。

肉类食物虽然含有丰富的营养物质，但这类食物中含有一定量的动物脂肪，脂肪含量与肉的肥瘦度有关，肥肉脂肪多，瘦肉蛋白质多。对于肥胖者来说，还是适量食用为好。在适量范围内，尽量选择脂肪含量少的瘦肉、鸡鸭肉等。肥胖的人，特别是患有高胆固醇症的肥胖者，每天吃鸡蛋最好不超过一个，尽量少吃动物内脏、肥肉，以减少脂肪和胆固醇的摄入量，这样有利于控制体重和血脂。

（二）鱼类

鱼类食物包括淡水鱼、海水鱼类与虾、贝类等，是低脂肪、高蛋白的食物，其中海水鱼还含有丰富的碘。鱼类矿物质含量高于畜禽肉类，特别是小鱼、小虾。鱼类含有利于提高免疫力的锌，其中沙丁鱼还有助于提高免疫力和延缓衰老。鱼类食物中脂肪含量较少，对于肥胖者来说十分适合。

（三）蛋类

蛋的蛋清、蛋黄两部分营养素有很大的不同。蛋清约占全蛋的 2/3，主要成分是蛋白质，营养价值很高，蛋黄含有较多核黄素，是核黄素的良好食物来源。

（四）奶类

奶制品是一种营养丰富、食用价值很高的食品。各种动物乳汁所含的营养成分与其幼畜的生长速度有关，对各种初生动物都是一种完全食品。动物奶类对于人类也是一种理想食物，增加奶类制品的摄取，对于改善我国居民膳食结构有非常重要的意义。除了人体所必需的蛋白质、脂肪和碳水化合物外，牛奶中矿物质含量为 0.6%~0.7%，其中以钙、磷、钾含量较高。牛奶中维生素含量较高，但维生素含量与饲养条件和季节有一定关系。如当饲以青饲料时，其维生素 A 和维生素 C 的含量较喂干饲料时有明显增加；奶中维生素 D 含量不高，但夏季日照多时，其含量有一定增加。奶是钙的最佳来源。酸奶作为奶制品的主要种类之一，是一种有助于消化，还能有效地防止肠道感染、提高人体免疫功能的食品。与普通牛奶相比，酸奶脂肪含量低，钙质含量高，还富含磷、钾以及维生素B，这些元素都对人体大有裨益。

（五）谷薯

谷类和薯类包括稻谷、小麦、大麦、燕麦、玉米、高粱、红薯等，以及由谷类制作的各种食品。这类食物主要为机体提供糖类、蛋白质、矿物质和维生素，是身体能量供应的主要来源。一个人每天吃多少谷类和薯类食物，主要取决于他的能量需求、生活习惯、劳动强度以及食物的供应情况。正常情况下，从事中等劳动强度的健康成年人，每天需要摄入500克左右的谷类食物。

与精细粮食相比，粗杂粮含有更多的膳食纤维、矿物质和维生素，不仅营养物质丰富，而且相对体积大、能量少、耐饥饿，在身体内的消化吸收过程较长，吸收率也低一些，这对于需要控制体重的超重者来说是非常好的食物选择。精制大米和面粉，由于谷胚和谷皮被碾磨掉，使维生素的含量明显减少，因此人们可以适当以糙米为主食，提高蛋白质、糖类、纤维、各种矿物质的摄取量，尤其是锌。如全麦面包，除了富含蛋白质、铁、纤维、钾及其他矿物质外，还含有丰富的维生素B，能使人神采饱满，眼睛明亮。

（六）豆类

豆类食物一般可以分为大豆和杂豆两大类，大豆包括黄豆、黑豆和青豆，杂豆主要包括豌豆、蚕豆、绿豆、豇豆、赤小豆与芸豆等。大豆中蛋白质含量达35%~40%，脂肪含量也很高，脂肪中不饱和脂肪酸较多，还有少量磷脂和胆固醇，碳水化合物含量较低。其他豆类与谷类的营养成分相似，碳水化合物含量较高，蛋白质含量为20%左右，较大豆低，脂肪含量很少。

豆类是人类重要的食物之一，它所提供的蛋白质和脂肪较谷类食物高出数倍。充分开发利用豆类，对改善我国人民膳食结构与营养状况、补充蛋白质来源、增进健康有极重要的意义。豆类含有大量蛋白质、B族维生素及铁质，其营养价值等同于肉类，但却有肉类所缺乏的纤维。豆类富含铁，在细胞的供氧和氧气的利用过程中起着关键性作用。豆类食物中的碳水化合物有一半不被人体消化吸收，不会增加过多能量摄入，再加上豆类产量丰富、食用方法多样、价格比动物性食物低廉，又不含胆固醇，是很好的减肥塑身食品。

（七）蔬菜水果类

新鲜蔬菜含有大量水分，多数蔬菜的含水量在 90% 以上，碳水化合物的含量不高，蛋白质含量少，脂肪含量更低，因此不能作为能量和蛋白质的来源。蔬菜含有丰富的膳食纤维，它能促进肠道蠕动，利于大便排泄、减少油耗物质与肠黏膜的接触时间，还能降低血胆固醇，对预防控制动脉粥样硬化、糖尿病和肥胖都有好处。如洋葱和大蒜，它们含有钾、氟、硫、磷肌酸、维生素 A 和维生素 C，能降低胆固醇、高血压，减少心脏病的发病率。又如花菜和西兰花，西兰花含有健美皮肤的维生素 B、维护牙齿的维生素 C 和矿物质（如铁、钙、钾等）。再如菠菜和香菜，它们中除了富含铁质外，更含有大量维生素 A 与维生素 C，对皮肤、牙齿十分有利。香菜中还富含钙、锌、钾、维生素 A 和维生素 C 等元素，可利尿，有利于维持血糖含量。

鲜果类的营养价值与新鲜蔬菜相似，含有大量水分、很少的蛋白质和脂肪，但水果中的糖类与蔬菜不同，主要是果糖、葡萄糖、蔗糖，在未成熟的水果内则含有淀粉。水果所含的矿物质和维生素也不如蔬菜多。水果具有芬芳的香味、鲜艳的颜色，并含有许多有机酸。蔬菜和水果都含有大量水分，相对于其他食物来说体积大、能量低，从控制能量的角度考虑，超重和肥胖的人应该多吃一些这样的食物。如木瓜和草莓，它们含有丰富的维生素 C，两者的维生素 C 含量都远远高于橘子，有利于皮肤结实嫩滑。木瓜尤其有助于消化。草莓不但汁水充足，味道鲜美，而且热量很低，同时还含有维生素 C 与钾，对头发和皮肤都很有好处。

（八）坚果类

坚果类食物富含锌、铁、锰、硒等多种微量元素，如核桃、花生、瓜子、榛子、芝麻等。有人称坚果是微量元素的宝库，经常吃一些坚果对人体十分有益，然而，坚果里的脂肪含量却着实不少，通常达到 40% 以上。这样算来，1.5～2 个核桃或 15～20 粒花生米或一大把瓜子大约相当于 10 毫升油的能量。生活中，人们常有这样的体会，吃坚果上瘾，一吃就停不住嘴，常常在不知不觉中吃进去很多，这样就很容易导致肥胖。为了避免过量吃坚果引起肥胖，同时又能满足身体和口欲对坚果的需要，可以采用限量食用的方法。在饮食不油腻的情况下，每天摄入不超过 15 克的坚果仁，基本上能获得它们给健康带来的好处。

第二节　休闲体育运动的运动损伤知识

一、运动损伤的概念与分类

（一）运动损伤的概念

运动损伤是个体在运动过程中所发生的各种损伤的统称。在休闲体育运动过程中，从事的项目不同，运动损伤的性质也不同，另外，运动损伤与运动的安排、运动环境、运动者的自身条件以及休闲体育运动中运动者的动作方法等有密切的关系。掌握运动损伤的相关知识，切实做好预防工作，使之最大限度地减少或避免休闲体育运动中出现的运动损伤，对运动者的身心健康具有重要的意义。

（二）运动损伤的分类

根据不同的练习方法，常见的运动损伤主要有以下几种：

1. 按损伤组织的种类

运动损伤按照损伤组织的种类，可分为神经损伤、肌肉肌腱损伤、滑囊损伤、关节囊和韧带损伤、内脏损伤、脑震荡、关节脱位、骨折等。

2. 按损伤组织创口界面

运动损伤按照损伤组织创口界面，可分为开放性损伤和闭合性损伤。前者主要是指损伤组织有裂口与外界空气接触，如擦伤、刺伤、切伤和开放性骨折等；后者主要是指损伤的组织无裂口与外界空气相通，如挫伤、肌肉韧带损伤和闭合性骨折等。

3. 按损伤病程

运动损伤按照损伤病程，可分为急性损伤和慢性损伤。前者主要是指人体在一瞬间遭受直接暴力或间接暴力的损伤，后者主要是指劳损和陈旧性损伤。劳损是因局部负荷过重或多次微细损伤积累而成，陈旧性损伤常因急性损伤处理不当转变而成。

4. 按个体运动能力丧失的程度

运动损伤按照个体运动能力丧失的程度，可分为轻伤、中等伤和重伤。伤后仍然能够按照计划进行休闲体育运动的为轻伤，伤后不能按照计划进行休闲体育运动、需要减少或停止患部活动的为中等伤，伤后完全不能运动的为重伤。

二、休闲体育运动中产生运动损伤的原因

（一）外在原因

运动损伤的外在原因有很多，最常见的有：运动前未进行充分的热身活动，运动量过大，运动方法有误，身体某一部位练习重复过多，技术动作缺少准确性，场地设施不合要求，没有接受充分的运动指导，自我保护能力弱等；还有就是忽视了身体状况，忽视了运动的安全准则，缺乏适当的休息，所穿的衣服、鞋子不适合参加休闲体育运动等。

（二）内在原因

运动损伤的内在原因主要有以下几种：

1. 性别

实践证实，在休闲体育运动中，女性运动性损伤的发生率较男性高。这主要是因为女性骨骼比男性重量轻，坚固度低，抗压抗弯能力只有男性的 2/3。另外，女性体脂含量高，肌肉重量占体重的比例小，力量比同龄男性小 20%～25%。

2. 身体状况

如果运动者在身体机能状况不好的情况下继续参加休闲体育运动，就会因肌肉力量较弱、身体协调性较差、对意外事件缺乏敏锐的判断力和准确的保护反应而导致损伤。影响身体机能的常见原因有：患病或伤病初愈阶段、睡眠或休息不好、疲劳、贫血等。

3. 心理状态

对于在运动中有畏难、恐慌、害羞、犹豫不决或过分紧张等不良心理状态的人来讲，他们很容易在休闲体育运动中因心理状态不佳而造成运动损伤。

4. 运动技能

运动技能的好坏和运动损伤发生率的高低具有密切的联系。一般情况下，锻炼者由于运动技术不熟练或技术动作上存在缺点或错误，违反了人体结构的特点和各器官系统功能活动的规律时，就容易引发运动损伤。

5. 思想意识

运动性损伤的发生，常与运动者安全意识薄弱、情绪急躁、急于求成有关。个别运动者缺乏运动性损伤的防范意识，忽视各种预防措施，而在休闲体育运动过程中不遵循循序渐进和量力而行的原则，这样大大增加了运动损伤发生的概率。

三、休闲体育运动中运动损伤的预防原则

（一）加强思想意识

从思想上重视对运动性损伤的预防，学习并掌握有关预防运动性损伤的知识和方法。

（二）做好准备活动

良好的准备活动有助于运动损伤的减少，应注意的是，运动者的准备活动内容要与练习的内容相结合，准备活动的量要根据身体特点、气象条件和运动项目而定。准备活动一般以身体感到发热，微微出汗为宜。准备活动结束与正式运动之间的时间不要过长。

（三）注意科学运动

科学运动不仅包括在休闲体育运动过程中遵循运动的全面性、渐进性、个别性、经常性、意识性（前三个方面对预防损伤极其重要），还包括在运动过程中，运动者应根据自身的健康状况和运动技术水平合理安排运动量，运用各种形式的运动方法，全面提高身体素质，防止机体局部疲劳而引发运动损伤。

（四）运动中突出性别特点

运动者的性别不同，个体的生理条件也会有很大的差异，因此针对不同性别

进行休闲体育运动能在一定程度上预防运动损伤。如果选择不合适，要么会导致练习不到位，要么就会给身体带来一定的损伤。

（五）选择喜爱的运动项目

运动者可以根据自己的需要进行有选择性的休闲体育运动。有肥胖、睡眠不佳、体力下降、便秘等特殊情况的运动者可以选择医疗体育。

（六）创造良好的运动环境

体育器具、设备、场地等，在运动前都应进行严格的安全检查。在进行休闲体育运动时，女性的项链、耳环等锐利物品应暂时摘去。

（七）加强自我保护

掌握休闲体育运动过程中可能发生意外时的自我保护方法，防范运动技术损伤的发生。学会运动后肌肉酸痛、关节不适等常见症状的处理方法，及时发现、处理运动性损伤，都能将运动损伤对人体的伤害减小到最低。

四、休闲体育运动中常见运动损伤的处理

（一）擦伤

擦伤是指机体表面与粗糙的物体相互摩擦而引起的皮肤表层的损害。

1. 损伤症状

表皮剥脱、有小出血点或组织液渗出。

2. 损伤处理

（1）较轻较小的擦伤

可用生理盐水或其他药水冲洗伤部，涂抹红药水或紫药水，不须包扎，一周左右就可痊愈。

（2）较大面积的擦伤

需用碘酒或酒精在伤口周围消毒，如果创面中嵌入沙粒、炭渣、碎石等，应用生理盐水棉球轻轻刷洗，消除异物，消毒后撒上云南白药或纯三七粉，适当包扎。若不发生感染，两周左右即可痊愈。

（3）面部擦伤

宜涂抹 0.1% 新洁尔溶液。

（4）关节周围的擦伤

首先进行清洗和消毒，最好用磺胺软膏或青霉素软膏等涂敷在关节擦伤部位。

（二）扭伤

扭伤是指关节发生异常扭转，引起关节囊、关节周围韧带或关节附近的其他组织结构损伤。

1. 损伤症状

（1）关节扭伤时

关节及其周围出现疼痛、肿胀，有明显的压痛感觉，皮下有瘀血，关节活动障碍。

（2）腰扭伤时

如是肌肉轻度扭伤，则疼痛较明显，脊柱不能伸直；因肌痉挛引起脊柱生理曲线改变者为较重的扭伤。如是棘上韧带与棘间韧带扭伤，则受伤当时会感到局部突然撕裂样疼痛，过度前弯腰时疼痛加重，腰伸展时疼痛较轻，棘突上或棘突之间有局限而表浅的明显压痛点。若是筋膜破裂，多发生在骶棘肌鞘部和髂嵴上、下缘，伤处有明显的压痛点，弯腰和腰扭转时疼痛较重，腰伸展时疼痛较轻。如果是小关节交锁，受伤时即有腰部剧烈疼痛感，呈保护性强迫体位，不敢做任何活动，亦惧怕任何搬动，尤其不能做腰后伸活动，疼痛位置较深，不易触到压痛点，叩击伤处可引起震动性剧烈疼痛。

2. 损伤处理

扭伤的一般急救处理为，先仔细检查韧带是否部分撕裂或完全断裂，肢体是否失去功能，注意以冷敷、加压包扎或固定关节为主，外敷活血止痛的药物。受伤严重时马上送医院做进一步的诊治。扭伤后要加强休息，使肌肉放松，可在扭伤部位垫个薄点的软枕头，以减轻疼痛。针对身体不同部位的扭伤，处理方法有一些差别，具体如下：

（1）关节扭伤

踝关节扭伤是运动中最常见的一种关节韧带损伤，它是因踝关节过度内翻或外翻而导致踝关节内、外侧韧带受损。急救处理时，应仔细检查韧带是否部分撕裂或完全断裂，关节是否失去功能，以冷敷、加压包扎或固定关节为主，并外敷活血止痛的药物。

（2）韧带损伤

可用胶带支持固定，并以弹力绷带包扎。如果怀疑是韧带断裂，最好用海绵垫或较大的棉花垫做压迫包扎，包扎时应与受伤时位置相反，如踝内翻损伤者，则在外翻位置包扎固定。

（3）腰扭伤

腰部扭伤是腰部软组织的损伤。有明确的外伤史，伤后立即或一二日后发生腰痛，为急性腰部扭伤，亦称"闪腰"。腰部扭伤后，应立即停止活动并休息。如果不休息、不及时治疗，容易反复发作留下病根，导致慢性腰腿疼痛。扭伤后，用热敷疗法较好。具体方法是：把盐、麸子或沙子炒热，用布包起来，敷在疼痛最厉害的地方，每天2次。此外，可对扭伤部位进行针灸、拔火罐、推拿、按摩、理疗等。

（三）腰肌劳损

腰肌劳损又称腰部肌肉筋膜炎，其病理改变包括神经、筋膜、肌肉、血管、脂肪及肌腱的附着区等不同组织的变化。通常多系急性扭伤腰部后治疗不彻底即参加运动逐渐劳损所致或运动中出汗受凉所致。

1. 损伤症状

局部酸疼发沉等自发性疼痛，腰椎3、4、5两侧骶棘肌鞘部疼痛，或同时感觉有疼麻放射到臀部或大腿外侧，或表现为运动前后疼痛，或在进行脊柱活动时尤其是前屈时，在某一角度内出现腰痛。

2. 损伤处理

避免过劳、矫正不良体位，可采用理疗、按摩、针灸、封闭、口服药物、用保护带（围腰）及加强背肌练习等非手术治疗手段，顽固病例可手术治疗。

（四）髌骨劳损

髌骨具有保护股骨关节面、维持关节外形和传递股四头肌力量的作用，是维护膝关节正常功能的主要结构。髌骨劳损一般是由膝关节长期承受过重负荷或反复损伤积累导致。

1. 损伤症状

膝关节酸软疼痛，髌骨压迫痛，单足半蹲的时候有痛感。少数患者因长期疼痛不敢用力而肌肉萎缩，或有少许关节积液。

2. 损伤处理

可采用按摩、中药外敷、针灸等方法；加强膝关节肌群力量练习，比如采用高位静力半蹲，每次保持3～5分钟即可，每日进行1～2次。

（五）出血

在休闲体育运动中，如果运动不当会引起机体内出血或外出血。

1. 损伤症状

（1）内出血

无明显症状或皮下有瘀青，胸腔或肝脏破裂多有严重的休克。

（2）外出血

主要为血管内的血外渗或外流。

2. 损伤处理

（1）止血

①指压止血

根据损伤部位，选用腋动脉或肱动脉压迫点。腋动脉压迫点为外展上臂90°，在腋窝中用拇指将腋动脉压向肱骨；肱动脉压迫点为用食、中、无名三指的指腹把肱动脉压向肱骨。出血部位不同，压迫点也不同。掌指出血，分别按压桡动脉及尺动脉；下肢出血、大腿或小腿大出血，用两手拇指重叠起来，在腹股沟中点稍下方，将股动脉用力压在耻骨上支；足部出血，在足背及内踝后方压迫胫动脉和胫后动脉。

②止血带止血

用皮管、皮带及气止血带缚在出血部的近端，缚上止血带以后，局部会出现疼痛，时间长了还可能使肢体缺血坏死，造成残废，甚至危及生命。所以，使用止血带时要严格按照正确的方法进行操作。缚上止血带时应多垫棉花或衣服，上肢每 0.5 小时、下肢每 1 小时分别放松一次，以免肢体麻痹或坏死。

③充填

针对躯干的大伤口或不能上止血带的部位，用消毒纱布充填伤口压迫止血。

（2）包扎用绷带或三角巾包扎出血部位或肢体

三角巾的包扎一般用在对伤肢的固定以及悬吊上，如上臂的骨折、脱位，手及头部的包扎等。下面重点介绍绷带包扎出血部位或肢体：

①环形包扎法

针对手腕、小腿下部、额等部位的出血，将绷带斜置于被包扎部位，一手大拇指压住绷带斜端，另一手绷带绕伤处一周，再将带头斜角折回，依次反复进行，结束时采用别针或将绷带剪成两条，将末端进行固定。

②扇形包扎法

针对关节部位的出血，可从关节上向关节下缠绕，即实施向心性扇形包扎，或从关节向关节的上下缠绕，实施离心性扇形包扎。

③螺旋形包扎法

针对上臂、大腿下端、手指等部位的出血，将绷带先从粗端环形包扎，然后将绷带斜缠，后一圈盖前一圈的 1/2 或 1/3，结束固定同环形包扎。

④"8"字形包扎法

针对肘、膝、腕、踝、肩等部位的出血，将绷带先从关节下方环形包扎，然后将绷带斜形由下向上，再由上向下绕过关节呈"8"字形，反复缠绕，结束应在关节下方，如同环形包扎。

⑤反折式包扎法

针对前臂、大腿、小腿等部位的出血，先用绷带进行环形包扎，然后按螺旋形进行，但每一圈需将绷带上缘向下折，呈"人"字形，再向后绕绷带并拉紧，每反折一次应压前一圈的 1/2 或 1/3，注意反折线不应在伤口处。

第三节　休闲体育运动的安全卫生知识

一、休闲体育运动的医务监督

（一）用医学的手段监控休闲体育运动

如何控制运动负荷不超出运动者的生理极限，使休闲体育运动既达到目的又不会引起机体过度疲劳，这是休闲体育运动医务监督研究的主要课题。

（二）进行体格检查

训练医务监督的另一内容是通过体格检查和机能测试，对运动者的身体机能状况进行综合评定。这种检查可在不同的阶段和不同的状态（如安静状态、训练过程、恢复过程）下进行。除阶段性的定期检查外，还可进行动态观察和比较。

（三）运动性伤病的预防和治疗

为了使运动者正常参加休闲体育运动，要及时发现和正确处理运动者的运动性伤病。掌握运动者患各种疾病和运动损伤后开始恢复运动的适宜时机、运动的内容和运动量等。

（四）消除运动性疲劳

休闲体育运动引起的精神疲劳和身体机能的下降，是人体为维护正常的功能作出自我保护的一种生理现象。所以，对运动者的精神疲劳要给予充分的重视和采取有效措施，以免引发机能调节的紊乱和过度疲劳。

二、休闲体育运动场地卫生

（一）休闲体育运动建筑设备的一般要求

1. 基地的选择及坐落方向

体育建筑的选址应避开空气、土质污染和噪声较严重的地区，应选择地势稍高且土质颗粒较大、通透性好的地方。室内体育建筑要充分利用日照，一般应坐北朝南，或偏向东南、西南，使建筑物的长轴尽量与赤道平行。室外运动场的方位最好是正南正北方向，即运动场的长轴与子午线平行，避免阳光直射眩目。

2. 采光与照明

良好的采光与照明，除了有利于体育活动的进行外，还具有保护体育运动者的视力、杀菌、预防疾病和调节室温等积极作用。采光照明可分为自然采光和人工照明两类。自然采光是指利用日光作为光源的采光。体育馆拥有自然采光，可以很好地节约能源。自然采光一般以采光系数作为评定指标，采光系数即建筑物门窗面积与室内地面面积之比，系数越大，光线越好。对运动建筑物来说，系数的标准应为1∶3～1∶5。人工照明一般以照度作为评定指标。照度是指物体被照明的程度，用照度计测量，光照度的计量单位是勒克斯。体育场馆应注意照度充足，室内光照度不能低于50勒克斯。夜间使用的场地，照明要充足、光线柔和而均匀，又不眩目，照度应为50~100勒克斯，有利于提高运动成绩和避免发生运动创伤。

3. 通风

室内通风要好，以保持空气新鲜。通风的目的是更新室内空气，室内运动建筑应有良好的通风设施，通风可分为自然通风和人工通风两种，自然通风是指通过门窗和气流作用，与外界进行气体交换；人工通风是指使用机械手段促进气体交换。

4. 采暖与降温

室内运动建筑应保持适宜的温度，一般应控制在21℃左右。采暖最常用的方法是蒸汽加热和热水管道采暖。室内降温的方法有自然通风、人工通风、冰块降温和空气调节等多种方式。

5. 体育器械及其放置

使用年限过长的器械应及时更新，体操器械放置应保持一定距离，否则练习时可能发生冲撞而受伤。

6. 辅助建筑

运动场地应有必要的辅助建筑，如更衣室、休息室、浴室等，饮水供给要符合卫生标准，还应设立医务室。

（二）休闲体育运动建筑设备的卫生

为顺利进行休闲体育运动，促进身体健康，防止运动创伤，提高运动技术水平，现代化国际标准的体育设施和一般的运动场馆都应达到一定的卫生要求。

1. 体育馆

体育馆的大小应根据用途和卫生要求来设计。体育馆的地面应平坦、坚固、防滑和不眩目，以木质地板为好。体育馆的墙壁应无明显的棱角和突出部分，空调、采暖设备应尽可能地安装在墙内。

2. 田径场

田径场的跑道、直道一般设计为南北方向，以便在训练和比赛时光线由侧面射来，不致影响视线而妨碍运动。田径场的跑道应坚固，不怕雨水冲淋，并具有一定的弹性。跑道还应具备渗透能力，便于雨水向底层渗透。跑道的表面应平坦，无凹坑、碎石、浮土和其他杂物，不能太滑，以防运动者滑倒摔伤。跳跃场地的方位安排应合理，在助跑跳跃时，应避免阳光耀眼。助跑场地应平坦、结实和富有弹性，起跳板与跑道应处于同一平面上。沙坑内沙子应松软，没有砖头、石块等硬物，在干燥的季节里不会起尘土。投掷区应有明确的划分。铅球和铁饼的练习区应设置保护网，投掷场地的助跑区应平坦、坚实而富有弹性。田径器械应合乎规格，其长度、高度和重量应根据不同年龄对象的需要进行设置。练习前应检查器械的安全性能，如跳高架是否结实、标枪杆有无裂纹等。

3. 球场

足球场地应平坦，最好铺有草皮，草地上不应有石子、砖块、碎玻璃、铁钉等硬物。在场地周围2.5米内不宜放置任何东西。在炎热干燥的季节里，练习或比赛前30～40分钟应在场地上洒水。篮球、排球场，地面应平坦、结实、无碎石和浮土，地面不宜过硬、过滑，以减少震动和防止跌倒时摔伤。运动场上，人数不宜过多，要加强管理，避免投掷物伤人和互相冲撞。

4. 体操房

体操房的使用面积平均每人至少4平方米，地面应为平坦木地板，室内光线应均匀，应有良好的通风设备，建立可行的清扫制度，体操垫子和其他器械须保持清洁，室内禁止放置与运动无关的物品。

5. 游泳馆（场）

人工游泳池建筑设计应符合卫生要求，跳水池水深应为跳台高度的一半，跳台高度 10 米，水深应为 5 米，跳台高 5 米时，水深应为 3.8 米，一般水深不能小于 3.5 米。池水清洁，细菌总数每 1 毫升水中不应超过 1000 个，大肠杆菌群数每升水中不得超过 18 个。池水含氯量每升水中为 0.2～0.5 毫克。水温 22～25℃，室温 24～25℃。池水应经常更换，如含氯量过高，会刺激上呼吸道和眼结膜，长期游泳还会使头发变黄，因此要定期进行水质检查，同时运动者应采取个人防护措施，要强调训练时戴游泳帽和防水眼镜的重要性。利用天然水源开辟的游泳场，水质必须清洁，确保无工业废水和污物污染、无传染疾病的危险。要注意岸边和水底情况，岸边禁止倾倒与排泄污物，黏土河岸易滑倒，河底有石块、淤泥时下肢易受伤。

6. 轮滑场

轮滑场的地面应确保平坦、光洁且无裂纹，场地表面应保持清洁，无碎石、纸屑和尘土，每次训练前都应进行安全检查，以防意外事故的发生。

7. 冰场

冰场的表面应平坦、光洁、无裂纹，如果利用天然冰修建冰场，为确保安全，冰的厚度不得小于 25 厘米，人工冰场冰的厚度不得少于 15 厘米。

（三）运动场的训练卫生

1. 服装

运动者平时的衣服、鞋子要符合季节要求，且要保持清洁。运动服装应符合运动项目的要求，能防止运动创伤，有利于提高运动成绩，如冰球、橄榄球运动者要戴护具、头盔，要穿特制服装等；参加自行车运动时应穿短袖上衣、较长的短裤，戴护掌和头盔；越野跑及马拉松比赛时最好穿旧鞋及旧运动衣，防止发生足部水疱和皮肤擦伤。如果是炎热夏季，运动衣应质轻、宽松和色淡；如果是室外滑冰、滑雪服装要保暖，但不宜过厚，以免妨碍动作的完成。运动后，潮湿的衣服应立即换掉，以免受凉感冒。

2. 锻炼

事实上，人体经常受外界因素的影响，如日光、空气和水，机体和外界环境经常保持平衡,在气温降低时,身体增加产热,减少散热来维持体温的恒定。所谓锻炼,就是利用日光、空气和水刺激机体的调节能力,使机体能迅速适应外界气象条件,从而增强人体对感冒等疾病的抵抗力。例如,把冰块放在肢体上时皮肤会变白,这是因为血管受冷刺激后发生收缩,当取下冰块,血管扩张,皮肤转红。这一过程的快慢与测试者的运动程度有关,一般有锻炼者皮肤很快变红,无锻炼者则慢慢变红,也就是血管扩张迟缓,原因是经过锻炼可使血管调节能力加强。也正因如此,有锻炼者较少患感冒、咽炎、肺炎等疾病。

(1)空气锻炼

锻炼因素有温度、流动、湿度和电离作用。空气锻炼在休息、运动和劳动时都可进行,穿背心和短裤,使身体尽量暴露,这样空气中的正电荷可刺激中枢神经系统,加强新陈代谢和提高机体抵抗力。

(2)日光锻炼

日光锻炼主要是利用其温暖和生物化学作用。光能被身体吸收转变为热能,引起体温改变,增强代谢作用。日光中的红外线和紫外线是不可见光线,红外线主要是温暖光线,紫外线有杀菌作用,能防止佝偻病的发生。紫外线照射后,皮肤有色素沉着,可保护皮肤免受更多的紫外线作用。日光对人体影响较大,进行锻炼时,应遮盖头部,避免长时间暴晒,因为过量日光照射会损害皮肤,造成日晒病,还有导致皮肤癌变的可能。

(3)水锻炼

水锻炼主要是利用水的温度、机械作用和化学作用进行锻炼。冷水易引起兴奋,使心跳加快、呼吸加深和代谢作用加强。进行冷水浴时,首先出现皮肤毛细血管收缩,皮肤变白,汗毛竖起,感觉冷;其次,毛细血管反射性扩张,皮肤变红,有温暖的感觉。需要注意的是,应避免冷水刺激时间过长,皮肤毛细血管再次收缩,皮肤又变白,起鸡皮疙瘩,口唇发紫,即第二次寒冷感觉。冷水锻炼以不产生第二次寒冷感觉为适宜。锻炼后用毛巾擦身,并活动身体。温水刺激抑制过程,可使血管扩张、血压降低、嗜睡。水的压力和流动对身体起按摩作用。水中的化学物质(如氯化钠、碳酸镁、碘等)对皮肤有刺激作用,海水浴后要用淡水淋浴。水锻炼方式有擦身、冲洗、淋浴等,注意出汗时不宜进行冷水浴。无论是进行何种锻炼，都要坚持循序渐进和持之以恒的原则，逐渐增加刺激强度和持续时间。锻炼一般从温暖季节开始，如冷水锻炼，宜从夏季开始，逐渐降低水温及加长锻炼时间；并且要一年四季坚持不懈，如长期停止锻炼，锻炼效果就会消失。再者，为提高对不同刺激的适应能力，需进行多样化锻炼。虽然寒冷刺激能增强耐寒能力，但不能提高对高温的适应能力，反之亦然。

三、运动者的个人卫生

（一）饮食卫生

运动者应养成良好的饮食卫生习惯，如饭前便后洗手，不喝生水，生吃瓜果要用流动的自来水洗净并削皮或用开水洗烫或用消毒液浸泡，不吃腐败变质的食物，防止暴饮暴食。此外，也要注意合理膳食。

（二）皮肤卫生

皮肤里有汗腺和皮脂腺，汗腺可排出部分代谢产物，并调节体温；皮脂腺分泌皮脂，能保持皮肤润滑。运动者应经常保持皮肤清洁，因为当汗腺孔及皮脂腺孔堵塞时，细菌会繁殖，发生毛囊炎或疖病。洗澡时应避免用过热的水和长时间淋泡，否则会使皮肤过分脱脂而干燥，同时还会使人嗜睡或全身无力。游泳后要淋浴，脚趾间皮肤易脏，易发生糜烂，会感染足癣，要注意清洗。患足癣者应积极治疗，指甲经常修剪。

（三）睡眠卫生

睡眠是消除运动疲劳的重要措施之一，可使人的体力得到提升。睡眠前应保持安静，避免刺激，一般睡前1小时应停止运动，以免兴奋而影响睡眠。若有失眠，次日可稍减运动量。运动者应保证有8~9小时睡眠，经常睡眠不足会引起过度疲劳。另外，为保证睡眠质量，卧室应保持整洁、温度适宜、空气新鲜、卧具清洁保暖。且晚饭不应过饱，睡前不宜用脑过多。

（四）日常生活卫生

为了增进健康，达到休闲体育运动的目的，运动者应建立和保持相对稳定的生活制度，按时起床、早操、进餐、训练、休息、工作、学习和睡眠。外出比赛如有时差影响，应尽快调整，适应新环境。

第四节　休闲运动与营养的科学规划

一、特殊环境下休闲运动与营养的科学规划

（一）高海拔休闲运动与营养

1. 高海拔休闲运动原则

在高原进行休闲运动活动要依据以下原则：

第一，要能轻松愉快地完成所选择的体育运动，即选择的体育运动方式要控制在自己觉得轻松愉快的强度内。

第二，要注意每天的运动量与身体状况相适应。身体不舒适时（如感冒、头痛时），应减少运动量或停止运动。

第三，不要过分相信自己的体力和运动能力，即量力而行。可以选择一些运动量较小、不太剧烈的锻炼项目。如散步、慢跑、太极拳、有氧休闲运动操、气功、乒乓球、羽毛球、柔力球、壁球等。一些国家和地区已开始利用高山气候与身体锻炼相结合来提高人的心肺功能和健康水平。将体育运动和休闲运动锻炼结合在一起，通过体育运动可以增强体质、促进健康，但在运动锻炼时，要注意适度且要持之以恒，因时、因地、因人制宜，方能达到休闲运动效果。

2. 高海拔地区的休闲运动营养

随着海拔的增加，大气氧分压下降，这就意味着结合于血红蛋白上的氧气量会减少，以及心脏运输氧至工作肌群的能力也会下降。运动实践表明，当最大有氧耐力也随着海拔的增加而降低时，就意味着在长距离竞技运动比赛中，在高海拔地区的速度成绩不如平原地区。然而，受影响的不仅是最大有氧耐力，因为在高原上血中氧含量降低，欲供给同样的氧气量，心脏就得加快跳动。所以，在高原地区任何耗氧水平的情况下，心率比平原地区要高。这就意味着在高原地区运

动锻炼时，健康者必须减慢速度才能维持靶心率。因而，休闲运动指导者应再次强调让参与者注意靶心率的重要性，靶心率为在各种各样的环境下调整运动锻炼强度提供了科学的参考。

高原缺氧环境会对能量代谢和物质代谢产生影响。合理的营养能够提高运动员对缺氧的耐受能力，加速习服过程，有助于适应组织代谢的变化，避免高原病的出现，最大限度地减少体重的丢失，有利于运动锻炼，增强体能和提高运动成绩。

（1）能量

进入高原地区，由于机体组织器官的一系列代偿和适应反应导致机体基础代谢率增强，运动员的能量消耗增加。高原地区气温较低，风速较大，致使机体产热增加。由于缺氧的影响，会使人食欲下降，进食量减少，再加上消化功能减弱，产能营养素摄入不足，可引起体重下降。初到海拔4300米高原8天后，体重可下降3%；在海拔5000～8000米停留3个月，体重可下降15%。体重下降，最初是由于体液的丢失，随后为脂肪组织和肌肉组织的减少。但如果为防止体重丢失，初入高原就增加能量摄入，很可能诱发或加剧消化道的不良反应，加剧体重丢失，故这种做法不宜采用。在习服适应阶段，应适当减少有氧训练运动量，以减少能量的消耗和需求。习服以后，机体对能量的需要逐渐增加，可以增加食物摄入以满足能量需要。

人在高原地区，基础代谢率升高，在相同的运动情况下，能量的消耗或能量的需要高于平原地区。运动员的能量消耗受运动量的影响较大。虽然缺氧初期能量消耗增加，但在习服前，由于胃肠道反应和食欲减退，增加能量摄入量较困难，致使能量供应不足。习服前，应减少运动量，降低能量消耗；习服后，逐渐增加能量摄入，同时逐渐增加运动量。体重和体脂的变化是判断能量摄入适宜与否的简易指标。一般情况下，在高原适应5天后，进行与平原地区同等量的运动训练，能量需要量增高3%～5%；适应9天后，将增加17%～35%。一般来说，从平原地区进入高原地区，能量的摄入量应增加7%～25%。

（2）蛋白质

进入高原地区初期，体内蛋白质和氨基酸的分解增强，合成减弱，氮排出增加，加上食欲下降和食物吸收利用率下降，造成摄入和吸收的蛋白质减少，因而会出现不同程度的负氮平衡，血中必需氨基酸或非必需氨基酸下降。在缺氧习服过程中并不需要增加食物蛋白质的供给量，重要的是选用优质蛋白质，注意维持氨基酸平衡。在习服期间，运动员蛋白质的摄入量应占总能量的13%～15%，同时增加优质蛋白质的摄入。

（3）脂肪

高原缺氧加速脂肪动员，脂肪合成速度低于脂肪分解速度，造成体脂减少，血脂（包括血浆游离脂肪酸和甘油三酯等）浓度增高。严重缺氧可使脂肪氧化不全，酮体生成增多，尿中出现酮体。酮体堆积可使机体耐缺氧能力减低。初进高原地区，应适当减少膳食脂肪，增加碳水化合物的摄入，同时减少饱和脂肪酸的摄入。

（4）水

高原缺氧使呼吸次数增多，肺通气量增大。由于空气干燥、气压低，使呼吸性失水增多，再加上尿量增加，运动员在运动训练时机体容易出现失水，引起血液循环和散热障碍，因此应注意补水。训练前、中、后均可补水，但要遵循少量多次的原则，要保持尿量为1～1.5升/天。如果要排出体内的代谢废物，每日至少饮水3～4升；如果要保持体内水平衡，每日应饮水5升左右。

（二）高温环境下的休闲运动与营养

目前认为，高温环境下能量需要量增加。高温环境一方面会引起机体代谢率增加及ATP酶活性升高，另一方面在高温应激和适应过程中，大量出汗、心率加快等调节方式可引起机体能量消耗增加。在高温环境下运动锻炼，能量代谢既受高温环境影响又受运动锻炼的影响。高温环境中能量消耗增加，在30～40℃的环境中，温度每升高1℃，能量消耗增加0.5%。在高温环境下进行运动锻炼，体内产生的热量不易散发出体外，可使体温升高。研究表明，体温升高将导致机体能量代谢增强。一般在高温条件下进行运动锻炼，机体对能量的需要量可增加10%～40%。

运动锻炼负荷也影响能量消耗，运动负荷越大，消耗的能量越多，能量需要就越高。运动员对高温环境产生热适应后，运动负荷将会增大，能量消耗也会增大。如果能量摄入不能满足需要，易引起疲劳，影响运动锻炼。因此，在高温环境下运动锻炼，应增加能量的摄入。但考虑到高温环境下食欲和消化功能有所减弱，增加进食量以提高能量摄入有一定困难，故认为以增加10%能量为宜。待适应后可逐步增加能量的摄入，以满足高温环境下运动锻炼的能量需要。

二、不同季节休闲运动与营养的科学规划

（一）春季休闲运动与营养

1. 春季休闲运动规划指导

哪些休闲体育活动更适宜在春季进行呢？

（1）深呼吸

胸腹式联合的深呼吸类似瑜伽运动中的呼吸操，深吸气时，先使腹部膨胀，然后使胸部膨胀，达到极限后屏气几秒钟，然后再慢慢呼出气体。呼气时，先收缩胸部，再收缩腹部，尽量排出肺内气体。反复进行吸气、呼气的过程，每次课前做3~10分钟，可促使肺部清洁、增强免疫力，并保护呼吸道不受损伤，增强人们对春季多发性呼吸道传染病的抵抗力。

（2）放风筝

放风筝是春天最适合进行的运动之一。放风筝时，可以使手、腕、肘、臂、腰、腿等多个部位动起来。户外的活动还可以沐浴阳光，呼吸新鲜空气，能促进体内新陈代谢，改善血液循环状态。

（3）春游

春游踏青是古来就有的风俗，不仅可以锻炼身体，还可以怡情悦性。

（4）快走慢跑

快走慢跑有助于细胞和组织得到额外的氧，促使大脑清醒，克服"春困"，令人精神抖擞。

2. 春季膳食营养策略

春天养阳，重在补肝。五行学中，肝属木，与春相应，主升发，喜畅达疏泄而恶抑郁。所以，养肝首要的一条是调理情态，不良的情绪易导致肝气郁结不畅。春日阳气升发，风和日丽，应早起早睡，坚持户外锻炼。此外，还要注意饮食养生。

据《千金方》载,春季饮食宜"省酸增甘,以养脾气"。春天是肝旺之时,多食酸性食物会使火偏亢,损伤脾胃,应多吃一些性味甘平,富含蛋白质、糖类的食品以及豆制品、新鲜果蔬等,有利于发寒散邪,扶助阳气。现代医学研究表明,保肝的有效途径之一就是适当补硒,硒是人体谷胱甘肽过氧化物酶的活性成分,对细胞膜有一定的保护作用,对一些化学致癌物质也有一定的抵抗作用。富含硒元素的食物有小麦、玉米、南瓜、红薯、大白菜、紫菜、海鱼等,多食用此类食物有助于护肝养肝。一般春季易"春困",其中一个重要原因就是缺乏 B 族维生素。所以,应注意补充富含维生素 B_1、B_2 和叶酸的食物,如动物肝脏、胡萝卜、玉米、小米、菜花、小白菜、柿子、辣椒等,有助于健脾阳,帮助消除"春困"现象。

(二)夏季休闲运动与营养

1. 夏季休闲运动规划指导

盛夏酷暑,稍一活动就会大汗淋漓,许多人因此不愿意多动,害怕出汗。殊不知,出汗本身就是为了维持体内平衡,因为经汗腺排泄能带走大量的热量和毒素,从而促进机体的新陈代谢。适当的体育运动可使人体内懒散的、停歇的汗腺开始"工作",人体主动运动时排汗量的激增,使得汗腺分泌加快、通畅。但当气温高于28℃时,应适当减少运动量,否则夏季的高气温、少睡眠,很容易造成体力透支。此时,人们应参加一些乐于参与的体育活动,如游泳就是一个很好的选择。适当地进行游泳锻炼,不仅能给人带来心理上的愉悦,塑造流畅和优美的体形,还能够增强心血管系统的机能,增强体质,提高协调性。许多运动项目都容易给机体造成劳损或损伤,但游泳是劳损和损伤率最低的体育活动。

为了达到身心康泰、平安度夏的目的,调节体内产热与散热的功能,需要注意以下几点:

第一,避免在烈日下进行运动。中午前后,烈日当空,气温最高,忌在此时锻炼,谨防中暑。夏季阳光中紫外线特别强,人体皮肤长时间照射易发生灼伤。

第二,不宜长时间运动。夏季锻炼应保持在平日运动量的 1/3~1/2。

第三,运动后不宜大量吃冷饮。

第四,不宜空腹运动,因为空腹运动容易中暑。

第五，夏季出汗较多，应及时补水，不要等口渴剧烈时才喝水。

第六，忌运动后立即洗冷水澡。

2. 夏季膳食营养策略

夏季养生，健脾为要。夏季饮食以清淡、苦寒、富有营养、易消化的食物为佳；避免食用油腻难以消化的食物，勿过饱过饥；重视健脾养胃，促进消化吸收功能。

（三）秋季休闲运动与营养

1. 秋季休闲运动规划指导

经历了整个夏季的酷热与湿闷，秋季的气温适宜总是让人舒心，锻炼身体的黄金季节也悄然而至。但是，由于秋季气候干燥、冷暖多变，人体一时难以适应，极易发生疾病。因此，要针对季节特点进行锻炼，运动量不宜太大，不宜剧烈运动。人们可根据场地、时间以及自己的兴趣爱好等选择运动项目。

（1）登山

登山能使人吸收空气中的负氧离子，对人的神经系统具有良好的调节安抚作用。登山比较适合人体在体力允许的情况下进行，但一定要注意不能选择过高、过长的登山线路，以免过于劳累引发身体不适。

（2）自行车

自行车运动是克服心脏机能毛病的最佳方式之一。骑单车不只能借腿部的运动压缩血液流动，把血液从血管末梢抽回心脏，同时还强化了微血管组织。

此外，还有一些传统的体育运动项目，如踢毽、跳绳、跳皮筋等。在锻炼时应注意做好准备活动，预防运动损伤。随着气温逐渐下降，体温调节中枢和内脏器官的机能都不同程度地降低，人的肌肉韧带在气温下降的环境中容易反射性地出现血管收缩、肌肉伸展度降低、关节僵硬等现象，因此，运动前要做好充分的准备工作，否则易造成肌肉、韧带和关节的运动损伤。衣服不能穿得太少，大汗淋漓时不可减得太多。运动后要及时擦汗，并掌握好运动量。立秋后运动量可以逐渐增加，但不要性急，更不要盲目超量，以免引起过度疲劳。

2. 秋季膳食营养策略

秋日滋补，养肺为先。秋天是一年四季中万物"养收"的季节，由热转寒，阴长阳消。养生的原则应以"甘平为主",其中饮食保健应以益肺、润燥、健脾、补肝为主要内容,尤以养肺为先。秋季养肺宜平补,肺喜润而恶燥,燥邪伤肺。

秋日一般气候干燥,空气湿度低,人们常常感到口干舌燥,此时除多喝水外,应适当多吃些豆芽、菠菜、胡萝卜、菜花、芹菜等具有甘平清肝功能的食物,以及蜂蜜、核桃、乳品、百合、银耳、白萝卜、藕等养阴润肺的食物,还要吃些秋梨、山楂、柚子、葡萄、香蕉、甘蔗等防秋燥的水果。同时,也要控制自己的情绪,避免伤感。平时脾肺虚弱之人宜进食人参、黄芪、山药、大枣、黄精、莲子、甘草等,药食以补脾益肺。

(四)冬季休闲运动与营养

1. 冬季休闲运动规划指导

俗话说得好:"冬天动一动,少受一场冻;冬天懒一懒,多喝药一碗。"人们在室外进行锻炼,身体经常受到寒冷的刺激,可以增强人体对感冒、气管炎等常见疾病的抵抗力;在室外接受阳光的照射,阳光中的紫外线可促进人体的造血机能,对治疗和预防贫血有积极作用。常到室外锻炼,体温调节能力就会加强,御寒能力也随之提高。适宜锻炼的体育项目有哪些呢?

(1)长跑

长跑也称耐久跑,它不仅能增强心肺功能,提高人体的耐力素质,而且不受场地器材的限制,具有广泛的群众基础。

(2)跳绳、踢毽子

这类运动能够活动全身关节,人们可以利用业余时间进行锻炼。此外,还有足球、篮球、爬山、拔河、武术等项目,花样繁多,妙趣横生。当大风降温、大雾、降雪不宜室外活动时,室内的适当活动也是锻炼的好办法。在室内锻炼时,要先将室内通风换气,还应选用动静结合的方法进行,可以在室内做一些自编体操,活动腰腿。

2. 冬季膳食营养策略

冬季是进补强身的大好季节,民谚说得好:"进补,开春打虎;不补,春季受苦。"在饮食方面应讲究科学调配的原则,一是要有丰富、足够的营养,热量要充足;二是食物应该是温热性的,有助于保护人体的阳气;三是饮食调养应遵循"秋冬养阴"的原则,即"养肾防寒"之根本。

第八章　现代人的休闲体育生活

　　作为日常休闲娱乐的重要形式，休闲体育逐渐走进大众的日常生活，成为人们日常生活的重要组成部分，并进一步成为人们提升生活质量和品质的重要形式。本章从休闲与工作、休闲体育与生活质量、休闲体育与和谐社会三个方面介绍了现代人的休闲体育生活质量。

第一节　休闲与工作

休闲已经走进我们的生活，但许多人面对节假日，还不知道如何安排。因此，十分有必要深入研究与"休闲"结合的体育在新的社会发展阶段的价值，以逐渐形成具有中国特色的休闲体育理论和休闲体育文化，使休闲在人的发展中发挥更大的作用。

一、休闲是工作的目的之一

休闲的本质是对应于劳动的一种有意义的活动。劳动必须将劳动者组织到一个社会网络中，以提供服务和产品为目标；而休闲正相反，是以个人生活为中心，使个人体力得以恢复、兴趣得到满足、智力得以提升。休闲可以看作个人的再生产活动，是保持身心健康的必要环节。休闲是具有特定文化特征的活动，带有明显的个人喜好。

在人类的历史上，对于多数人来讲，工作一直是最重要的事之一，因为工作除了满足基本生存需求之外，还要满足更高层次的一些根本需要。即将到来的休闲时代，并没有倡导免除必要的工作，只是将休闲当作增加放松及自我成长的时间，并使之成为现代社会个人的一项权益。对相当数量的人来说，个人的成长远比工作更重要。休闲因此成为生活主要的目的之一，工作则成为支持休闲成长所必需的前提。

根据杜马哲的理论：工作是附属的人类行为，而其他的一切皆与休闲相关。其实这也是用较为现代的语言来解释亚里士多德式的休闲理论。杜马哲相信，随着以服务为导向的趋势更快发展，休闲也会更重要。他预测终有一日，个人的成长，而非工作营生，将成为生活之主要动机。

工作与人类其他活动之间的关系，是人类文明的重大问题之一。未来工作时间应该有更大的自由度与弹性。社会必须提供学习训练的机会以寻求休闲，并善用闲暇时间。工作与休闲不是对立的，我们仰赖工作与休闲来共同圆满人生；休闲不是用来忘却工作，而是为了让生活过得更加美好。为了人类的发展而制造更多更好的休闲，才是工作的真正目的之一。

二、休闲是改善身心的过程

现代休闲的三个基本观念：休闲是在处理完其他事务后剩余的时间，休闲是一种心灵状态和一种做事的方法，休闲是为人格塑造而自由选择的活动。这三种休闲观念的基础在于，从必要或责任义务的羁绊中把人解脱出来。大多数休闲专业的人士，比较接受休闲是生活的态度或状况的观念。但是，一般人对于休闲常用的定义，则是强调从责任义务中解脱之自由；休闲就是你想做的事，而不是你必须做的事。这样，休闲不仅成为工作的目的，也成为生活的目的。

国外有理论认为，休闲应被理解为一种"成为人"的过程，是一个完成个人与社会发展任务的存在空间，是人的一生中持久的、重要的发展舞台。"成为人"意味着要摆脱"必需"的自由；要探索和谐与美的原则；要求达到生活理性和感性、物质与精神层面的统一；要与他人一起行动，使生活内容充满朝气并促进自由与自我创造。

休闲在人格发展上扮演着重要角色。因此，在开展休闲活动时着眼于如何激起人们潜在的欲望。管理和经营者首先应该把休闲看作教育人的良机。

现代社会对时空的高度组织和密集型的生产、学习方式以及信息社会里的高虚拟式的室内活动方式，已经使很多城市居民失去了拥有自己身体的感觉。用一句通俗的话来说，休闲在家，我们可以不必化妆打扮，可以随便放松。消极的休闲容易使人懈怠，降低身体运动能力。休闲是有目的性的活动，是"个人性"的且能获得相对有利的结果，倡导人们把休闲作为改善身心的过程。

三、休闲是回归自然的新生活方式

休闲是一种内心的感受，不依附于外在的时间，而且存在于能达到休闲境界的时间。一个人要休闲必须具有"自由时间"。"自由时间"与"束缚时间"是一对相反的范畴。数千年过去了，人类创造了高度的文明，却更想回归自然，争取更多的自由时间。

休闲是人体回归其自然状态，消除工作紧张疲劳，恢复其体力和智力（以及情感）功能的人生时段。所以，传统的休闲方式就是闲静下来，使身体好好休息，使机体的劳累和损伤得以弥补。而当代最积极的休闲方式是使工作时得不到活动的身体部位得到锻炼。

休闲是具有自我发展、自我实现、自我完善的人文特性。它的价值不在于提供物质财富或实用的工具与技术，而是构建了一个有意义的世界，守护一个精神的家园，使人类的心灵有所安顿，有所依靠。

第二节　休闲体育与生活质量

一、休闲成为现代人的一种需要

休闲成为现代人生活结构中不可或缺的一部分，成为现代人的一种需求，这已经是不争的事实。如果说休闲就是在自由时间里从事各种使自己精神愉快的活动或者做自己想做的事，那么，休闲就不仅仅是现代人的需要，也是人类历来就存在着的一种需求。正是人类有这种需要，才会促使人类不断地去想象、去创造、去实现。于光远认为，玩不仅是人类的基本需要之一，还是社会主义生产的目的之一。

这里所讲的玩，不仅指游乐和休闲，也即辞书中所解释的"使自己精神愉快的活动"。这样的玩，应是一种健康的、充满情趣的、有文化的玩。鉴于这种认识，有文化的玩应该是一种消费能力，多方面享受能力。按照现在的理解，于先生所说的"玩"，应该被解释为在自由时间里从事各种"使自己精神愉快的活动"及其自由自在地做自己想做的事。换句话说，这个"玩"的含义与我们所讨论的"休闲"的内涵并没有实质性的差别。

既然"玩"是人生的基本需要之一。那么，为了更加健康地"玩"，就应像于光远所提出的要玩得有文化，要有玩的文化，要研究玩的学问，要掌握玩的技术，要发展玩的艺术。如此看来，"玩"（休闲）既然是人生的基本需要，就应该与其他的人类的基本需要一样受到应有的重视。

因此，现代社会为满足人们休闲的需要，就必须为其提供各种物质条件、创造适当的活动空间、保证充分的活动时间。换言之，社会必须为休闲服务提供各种各样的条件，以满足人们日益增长的休闲消费的需求。这是社会发展的进程中，人类的追求不断发展、需要不断变化的必然结果。

提高生活质量是国家的需求、民众的愿望。人们有权利享受各种各样的生活乐趣，发挥自己各方面的聪明才智，提高整体的全面的素质。实践证明，在闲暇时间里参与喜闻乐见的体育活动是提高生活质量的一个重要方面。

美国密歇根大学调查研究中心认为：生活质量除指实质方面的福利外，还包括教育、休闲机会、个人安全、住宅、邻里关系等的满足或不满足状况。英国 A. W. Benn 认为：生活质量在于创造并维持社会系统，使人们感觉除富裕外，同时有满足生活享受的期待。其主要包含 5 个方面内容：第一，健康，包括身心健康和社会健康。第二，安全，包括社会秩序和国际和平。第三，公平，包括社会关系和人际关系的平等。第四，物质生活，可分为必需和奢侈两大类：必需类涵盖所有的基本生活需求，主要包括食物、衣着、居住和交通；奢侈类包括基本需求的较高水平以及运动、娱乐等。第五，精神生活，包括精神面貌、人际关系和道德等要素。

二、休闲成为现代经济社会的重要组成部分

休闲作为一种社会现象和消费现象，与经济社会发展的关系十分密切。如果这种关系处理不当，休闲就会成为不能增加社会财富的消极行为；如果这种关系处理得好，休闲就会造就出庞大的消费市场，成为一种商机，并可以衍生出一系列新的服务和新的产业。现代社会中已经形成一种关联关系，如果要更好地满足一部分人群的休闲需求，就必然会给另一部分人群开辟出创造财富的空间，促进社会经济的进一步发展和繁荣。而且，当今世界，大多数人同时具备"劳动者"和"消费者"两种身份。在这个时间里，你是劳动者，为别人提供休闲服务、在另一个时间里又成为消费者，享受别人为你提供的服务。

正因为这个社会经济现象在当今世界越来越普及，所以，休闲经济学就应运而生。休闲经济学作为现代经济学的一个重要分支，担负着研究人的休闲活动的特点，人的休闲行为的投入与产出、休闲派生的产业群及其所创造的价值、休闲经济的运行规律及有关经济变量关系等等，不但对于指导人们如何正确休闲具有

重要意义，而且对于指导国家和社会如何顺应这种生产方式和生活方式的转变，实现经济发展和社会进步具有重要意义。也正因为如此，休闲经济学的理论问世以后，引起越来越多国家的重视。

美国休闲科学研究所在对美国社会生产费用等经济领域进行长期研究之后，提出来这样一句话：休闲已经成为我们经济新的中心。这句话听起来似乎有矛盾，因为一般我们认为休闲活动总是在工作完了才去想的事情，怎么会成为我们经济的中心呢？

休闲科学研究所的专家们认为：要让人们理解和承认休闲的经济重要性是非常困难的事情，因为我们不能把休闲整齐划一地归类到经济中的某一部门中去，甚至我们很难在政府的经济数据中找到休闲这个词。娱乐、体育、休养和旅游等一些以休闲为基础的产业事实上已经把休闲深入健身车、健身房、度假别墅、休闲服、运动药品、家庭娱乐中心、田径鞋和娱乐食品中去了，这恰恰说明休闲已经成为经济的一部分。

专家们的研究发现，美国人的1/3时间是在休闲，美国人把收入的1/3用来追求休闲的快乐，美国土地的1/3被用来进行休闲和休养。因此，专家们认为，时间和金钱是我们这个社会中最稀有的资源，而如何消费决定了这个社会和经济的本质。所以占了这个社会的时间、土地和金钱的1/3的活动难道不能算是我们经济的中心吗？调查表明，2021年的一年中，消费者就花掉2600亿美元用于消费这些休闲商品和服务，这个数字占美国消费额总数的7%，是2021年同期新车购买消费额的3倍。

如前所述，2800亿美元只是所有休闲消费中的一小部分，休闲消费主体部分还在其他领域。比如，在2019年的4560亿美元的交通消费中，1/3涉及休闲旅游。60%的空中旅客是休闲旅客而不是为了商业旅行。消费在房地产、服装、食品和教育中的很大部分也可以划分到休闲消费中。对上述数据总计1万亿美元的休闲消费很轻易地占到总消费的1/3，在消费带动的经济中，休闲一跃成为美国经济的第一产业。

美国航空公司的主席罗伯特克蓝多在一本杂志中告诉消费者，"你们已经成为世界最大产业的消费者"。而他在这里说的最大产业并不是指航空产业，而是指旅游产业。据有关统计,从世界范围来看,旅游已经成为每年创收 3 万亿美元的产业,而其中 6000 亿美元在美国。撒莫斯特·怀特,这位世界旅游产业年鉴的编辑指出,产业是一个创造一系列相关产品和服务的产业链。从这个角度看,美国三大产业为 6220 亿美元的旅游产业、6020 亿美元的健康产业和 3320 亿美元的教育产业。值得一提的是,怀特把旅游定义为包括离住处 25 公里以外的远行。

中国的休闲经济,最近 10 年来得到了空前迅速的发展。这是因为,中国自 1978 年开始实行改革开放政策,极大地解放和发展了生产力,经过 10 多年的积累,到 20 世纪 90 年代已大见成效,城乡居民收入大大提高;人们每年的闲暇时间增加了,即春节、"五一"、"十一"。这样,人们就可以集中使用较长时段的休闲时间,有力促进了休闲经济的发展。据有关研究表明,在我国改革开放初期,城镇居民总消费支出结构的主体为"吃用"。到了 20 世纪末,则演变成为"吃—娱乐—教育—文化—服务—穿—住—用—行"。同期,我国的农村居民总消费支出结构的主体也从每年的"吃—穿—住"演变成为"吃—住—娱乐—教育—文化—服务—穿—用—行"。

由此可见,我国城乡居民的消费结构已经开始向发展型和享受型演化。对北京和上海两地公众进行的消费在公共信息机构行为和生活形态的调查中,公众想做的休闲活动一栏,排名前两位的都是旅游项目。而在公众已做的休闲活动一栏排名中,旅游是发达城市公众最热衷的。可以预计,旅游将成为中国最大的休闲消费领域。

三、休闲体育与生活质量关系

休闲体育具有内容丰富、自由度大、随意性强、趣味性高、参与面广等基本特点。它属于人们主动地、愉快地从事某种身体活动的一种休闲方式,以达到自我实现,完成个人愿望。其直接目的在于健身娱乐或康复医疗,最终目的是增进身心健康。人类创造了体育,自然应该用它来造福人类。

(一)休闲体育促进身体健康

2021 年《中国体育报》在对全国 100 多家大中型企业职工的调查中发现:

19.6%的受访者"偶尔锻炼"（每月一次）或"不锻炼"，只有10.6%的人"每天"进行体育锻炼。据浙江省体委群体处的资料显示，全省经常参加体育锻炼的人不足总人口的17%。此外，现代社会生产方式和城镇生活模式，形成人们身心和生活环境的不平衡，出现了缺乏运动而引起的种种"文明病"。

大量的实践和科学研究证明，经常参加体育活动，是强身健体的最佳良药。在闲暇时间里进行体育活动，既可使疲劳的身体得到积极的休息，使人们精力充沛地再投入工作，又可促进体质增强、体格健壮、精力旺盛，从而使工作效能提高。因此，要自觉积极参与体育活动。要认识到健康的身体是提高生活质量的首要条件，社会的发展和进步，不仅体现在物质生活的发展上，而最根本的是人类自身的发展与文明进步，其中就包含着人类身体素质和健康水平的提高。

（二）健全心理、发展个性

休闲体育活动由于游戏性强、趣味性高，所以可松弛身心、舒缓压力，使情感得以宣泄。实验表明：有氧锻炼有利于成年女子保持较好的心境；没有进行有氧锻炼的则整体情绪状况较差。适合民众需求、突出趣味性，是开展休闲体育的关键。

休闲体育活动的乐趣化不仅体现在活动项目上，更重要的是展示参与活动者的自主性。由于休闲体育的活动项目和活动强度，都是自主选择的，所以能最大程度地满足个人的需求。在休闲体育活动中，个体的积极性、创造性、自主性都得到充分的发挥，从而提高了自信心和价值观，使人性在融洽的氛围中获得健康和谐的发展。社会群体有了众多的健康个性，才能形成良好的社会行为。因此，休闲体育活动不仅有益于个体的发展，而且对社会的进步都具有促进的意义。

（三）改善人际关系、增强道德规范

运动场合与一般社交场合不同，它不但提供了人们相聚和交流的机会，而且更强调人们亲身的投入和参与。在运动环境里，因为有着共同的喜乐和痛苦，使人与人之间很容易产生共鸣、达成共识，从而增进彼此间的信任和爱护。因此，开展社区体育、职工体育、农村体育、学校体育，在体育活动中，人们彼此间紧密地配合，真诚地交往，对于密切人际关系起着积极的作用。

每项体育活动都具有其特定的规范。它们所具有的竞争性、公开性、协同性等特点，有益于人们形成遵纪守法、公平竞争、团结互助、自治协同、乐观向上等品质和开拓进取的精神。不仅如此，当体育场所里个体和群体在交往与比赛时，自然地形成个体或企业增强凝聚力的巨大磁场。如广州市越秀区洪桥街开展的经常性的体育活动很有特色，体育活动增强了街内企业、街坊的凝聚力，为连续三次被评为"文明街"作出了贡献。

（四）有利于社会安定

休闲体育是一种积极健康、文明、科学的休闲方式，在闲暇时间里从事体育活动，可以促进个体的身心健康、满足个体需求，有利于建立完整的人格；端正国民的人生态度和道德情操；充实国民文化生活，提高国民的文化水准，提高社会风气，使国民的生活质量得到有效的升华和提高，所以，休闲体育必将成为一股潮流，使追求美好生活的人们，都投身于这股浪潮之中。

不同年龄、不同性别、不同消费水平、不同环境条件的人们都应当科学地进行休闲体育活动，使休闲体育为提高人们的生活质量而服务，从而真正提高生活质量。

第三节 休闲体育与和谐社会

新世纪我国大力倡导大众从事休闲体育，这有利于人的全面、自由、和谐发展；有利于增进社会成员之间的交往与和谐相处；有利于为广大学生的素质教育搭建背景和舞台；有利于降低社会犯罪率，维护社会治安的稳定；有利于为社会创造更多的就业机会，缩小社会成员之间的收入差距，带动经济增长；建立一种以休闲为中心的生活方式，可以增强人们生活满意度和幸福感，缓解社会矛盾。同时，休闲体育的内容不断丰富、形式日益多样、质量稳步提高，并逐渐成为人们生活的重要内容和推进改革开放、社会主义现代化建设的精神支柱。

一、休闲体育促进人自身协调发展

随着现代社会生产方式、生活方式以及消费方式的改变，生活节奏加快，工作压力增大，人们的身体尤其是精神和心理容易产生疲劳，容易导致精神紧张、神经衰弱等心理疾病。经常从事休闲体育运动可有效促进人的全面发展，放松身心、舒展身体、促进人体内脏器官机能的改善，提高人体适应能力和免疫力，改善大脑供血、供氧能力，使大脑皮层兴奋性增强；可以使抑制加深、兴奋和抑制更加集中，神经过程的均衡性和灵活性加强；对体外刺激的反应更加迅速准确，大脑分析能力加强，工作能力得以提高。休闲体育具有趣味性强、轻松愉快、生动活泼的特点，多以户外为主要活动场所，利于人们释放紧张情绪，宣泄、疏导心理淤塞，使人感到舒畅和愉快，缓解人们的心理疲劳和精神压力，维护人的身心健康，能展现和谐的人际氛围，达到健身养生的功效。

二、休闲体育促进人与自然的和谐

自然是人和人类社会生存、发展的基础和前提。人类首先是作为有生命的个体事物而存在，人类是自然的一个组成部分，人类社会的发展规律，以自然界的规律为基础并受其制约。人类社会的发展过程实质上就是不断认识和改造自然的过程。孟子说，"尽其心者，知其性也；知其性，则知天矣"[1]，人的心性与天地万物同体。在中国传统的儒家思想中，自由即和谐。人只有与天地同体，与自然相融才能真正体味到作为"人"的自由。人与自然的交融，使人胸襟开阔、心性广大。只有当人们面对生生不息、无穷无尽、无始无终的自然时，才能领悟到变化乃是世界之本。而当人们面对广阔无际的草原、神秘蛮荒的森林、气势磅礴的江河大川和巍峨连绵的重峦叠嶂的时候，还有什么烦恼不能忘怀，还有什么焦虑不能抛却呢？

休闲体育能使人们从快速的工作生活节奏中解脱出来，投身到大自然的怀抱，从事登山、攀岩、冲浪、垂钓、郊游、野营等各种休闲运动，人们才会了解大自然、感知大自然，才会进一步保护大自然。人类是大自然的产物，只有与大自然和谐共处，人类才会更加美好，充分享受大自然给人类带来的快乐，从而促进人与自然的和谐发展。

---

[1] 孟子. 孟子 [M]. 哈尔滨：北方文艺出版社，2019.

三、休闲体育促进人与社会的和谐

（一）休闲体育促进了人际关系的和谐

社会的和谐在很大程度上是指人际关系的和谐。社会是人的社会，人际的和谐是社会和谐的一个重要标志。人们在社会交往之中形成了各种各样的人际关系，人只有融入社会之中，才能不断地发展自我、完善自我，才能成为真正意义上的人。然而休闲体育为人际关系的和谐发展提供了一块肥沃的土壤，休闲体育以普适、自娱、自乐的消遣性与游戏性的活动方式迎合大众，在这些活动中得到直接令人愉悦的交往，能够为人们进行直接的、面对面的交流提供一个广阔的平台。可以说，休闲体育不仅是休闲娱乐健身的载体，也是消除寂寞、拓展交际、增进情感的有效方法。

（二）休闲体育营造了良好的社会氛围

休闲体育不受年龄、运动水平、规则的限制，参与者可以通过规则的制定和创新，改变运动技术动作，培养人"重在参与""公平竞争"的意识以及勇于探索、乐于创新的积极心态。因此，长期坚持休闲体育活动有利于形成公平公正、竞争、积极向上的社会氛围。

从事休闲体育，一方面，它可以使公民的身心在工作之余得到及时的调整和放松；另一方面，可以充实人们的闲暇时间，使社会成员在祥和的环境中充满活力，在体力和精神得到恢复后各尽其能，各得其所，有助于社会的和谐发展。

（三）休闲体育促进了社会经济增长

随着社会的发展，人们生活水平的提高和对休闲的需求，必然伴随着休闲产业的兴起。休闲体育产业已成为投资的热点产业。如大中型的高尔夫球场、赛马场、滑雪场、健身房、棋牌室等。随着休闲体育的发展，人们对健身娱乐、竞技观赏和体育用品的需求越来越强烈，特别是随着现代科学技术的发展，休闲体育已打上了知识的印记，被赋予了新的内容，为人们提供了更多的精神食粮。休闲体育产业的发展，势必对扩大体育产业的规模、GDP 的增长和社会就业作出新的贡献。

（四）休闲体育有利于和谐社会发展

休闲体育可以抚慰身心、放松心灵、促进人际交往，帮助人们树立正确的生活态度，选择科学的生活方式，有利于人的社会化，达到人与社会的和谐。

第九章 运动休闲服务的管理

休闲体育经过多年的发展，逐渐形成了相应的休闲体育产业，作为现代化的产业类型，其对于国家和地区的经济发展具有重要的推动作用。运动休闲服务也成为了休闲体育领域的重要研究内容。本章介绍了运动休闲服务的管理，包括运动休闲服务的定义与内涵、运动休闲服务的需求与供给、运动休闲服务的质量管理等内容。

第一节　运动休闲服务的定义与内涵

运动休闲有两个最基本的目标，即提供服务和促进发展，因此，运动休闲提供运动休闲产品或服务。运动休闲活动的组织管理实质上也是一种服务，是为广大公民提供一种满足身心健康需要的保障和必要条件的服务，是服务业的一部分，为研究运动休闲领域的经营和管理提供了理论依据。运动休闲的未来取决于它在整个休闲中的地位，提供什么样的运动休闲服务取决于人们对运动休闲的基本理解。运动休闲服务包括休闲项目及赛事、球迷、媒体等形成的一个娱乐产业链，是第三产业的一部分，反映现代经济社会发展对运动休闲需要增长的趋势和产业发展的规律。

一、运动休闲服务的定义

一般意义上，服务常常是不以实物形式而是以活动的形式满足他人的某种特殊需要的。

正如经济学意义上的服务是指以等价交换的形式，为满足企业、公共团体或其他社会公众的需要而提供的劳务活动。1960年，美国市场营销协会（AMA）最先给服务下的定义为："用于出售或者是同产品连在一起进行出售的活动、利益或满足感。"1974年，斯坦通指出："服务是一种特殊的无形活动。它向顾客或工业用户提供所需的满足感，它与其他产品销售和其他服务并无必然联系。"1983年，莱特南认为："服务是与某个中介人或机器设备相互作用并为消费者提供满足的一种或一系列活动。"1990年，格鲁诺斯给服务下的定义是："服务是以无形的方式在顾客与服务职员、有形资源等产品或服务系统之间发生的，可以解决顾客问题的一种或一系列行为。"当代市场营销学权威菲利普科特勒以给服务下的定义是："一方提供给另一方的不可感知且不导致任何所有权转移的活动或利益，它在本质上是无形的，它的生产可能与实际产品有关，也可能无关。"

运动休闲是服务产品的一种，虽然也涉及一些有形的物质产品，但更强调无形的精神产品的服务，并为文化精神生活的追求提供保障。综合起来看，运动休闲是社会服务的重要组成部分,其服务的最终目的是满足人们的文化消费需求,因此,运动休闲服务可以定义为:由运动休闲服务部门的劳动者生产的供消费者运动休闲消费的运动休闲服务型产品。

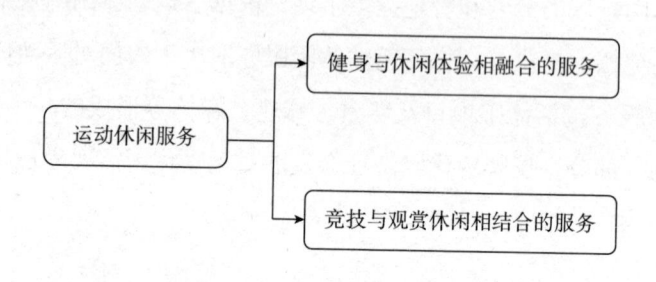

二、运动休闲服务的分类

运动休闲服务的分类见图 9-1-1。

```
                    ┌── 健身与休闲体验相融合的服务
     运动休闲服务 ──┤
                    └── 竞技与观赏休闲相结合的服务
```

图 9-1-1　运动休闲服务的分类

(一)健身与休闲体验相融合的服务

这类服务是指随着城市消费者生活节奏的加快、消费水平的提高和自我素质提升要求的强化,运动休闲在人们的生活中占有越来越重要的位置。消费者越来越注重运动休闲,把参加休闲活动作为一种生活方式。当前各种体育健身形式不断多元化,武术健身、搏击、跆拳道、柔道、瑜伽等各种更加"现代化"和"时尚化"的运动形式得到普及。

(二)竞技与观赏休闲相结合的服务

这类服务指竞技运动,以市场为导向,以消费者为中心在不断改进规则和完善体制机制。竞技规则尽可能使比赛精彩好看好玩,或者异彩纷呈、赏心悦目,或者紧张激烈、扣人心弦。

在 IMG 运营启动仪式上,IMG 董事长福斯特曼指出:"越是在职业体育发达的行业,娱乐化的程度就越高,这是大势所趋。赛事需要吸引更多的赞助商和观众,所以必须具有娱乐性。"专业竞技运动尤其是顶尖赛事只能是少数人参加的,是技术、力量和运动员整体技能的较量,普通观众更多的是娱乐和欣赏。

三、运动休闲服务的产品特性与消费特点

（一）产品特性

1. 运动形式满足人的身体和精神消费需求

运动休闲服务是无形的、非实物和不可触摸的，运动休闲服务是具有无形特征却可给人带来某种利益或满足感的、可供有偿转让的一种或一系列活动。运动休闲服务主要用于满足消费者的精神需要，它是通过身体运动的形式来满足和达到精神上的满足和愉悦的，既满足一种心理的、精神的需要，也满足一种身体放松的渴望。

2. 运动休闲服务具有生产与消费的同步性

和一般休闲服务类似，运动休闲服务的生产和消费也是同步进行的活动，具有不可分割性。运动休闲服务的生产一开始，消费就同时进行，即运动休闲服务在生产的同时也被消费者消费了，生产结束，消费也就宣告结束。可见运动休闲消费者是必须参与生产过程的，消费者必须亲身体验，才能完成对运动休闲服务的消费。换句话说，运动休闲消费是过程而不是结果，是过程消费。运动休闲消费者在其中起到积极的、能动的作用，是主动参与生产过程的，和服务提供者彼此互动、相互交往，因此消费者与服务提供者间的这种互动关系使得服务更具人性化色彩。而且运动休闲服务是一种体验性的消费，作为非实物使用价值，运动休闲服务是不能贮存的、易逝的，它只存在于产出的那个时间点，生产一结束，产品已因被消费掉而不复独立存在，运动休闲服务作为产品也就不复存在。

3. 运动休闲服务是一种具有创造性的投资品消费

运动休闲服务不但能给消费者带来当前的消费效用，还能给消费者以未来的回报。人们通过运动休闲消费，可以促进身心发展，提高智力水平和健康水平，增强对外界刺激的敏感性和身心协调的能力，最终提高劳动生产率。运动休闲服务可以在体力和智力两个方面产生投资效果，从而具有人力资本积累的作用，既是一种当前消费，又是一种人力资本投资。因此，从消费的角度看，运动休闲服务是消费品；而从人力资本积累的角度看，它又具有投资品的性质。

4. 运动休闲服务质量的易变性

运动休闲服务质量基本是通过"运动休闲服务的接触"来体现的，运动休闲

服务的提供者，包括从事前台工作的运动休闲服务人员、顾客以及运动休闲服务环境等，都会影响运动休闲服务的生产，从而使运动休闲服务产品处于一个不断变化的过程之中，难以进行标准化生产和保持产品质量的前后一致性及稳定可靠性；然而运动休闲服务组织面对的顾客不同，也会影响到运动休闲服务的生产，不同的顾客由于受不同的自身因素的制约，对运动休闲服务的要求、期望也是不同的，不同的顾客甚至同一顾客在不同的时间、地点，都会以不同的方式参与运动休闲服务的生产，这都会导致运动休闲服务的易变性。

（二）消费特点

1. 运动休闲服务消费凸显消费体验性

与一般有形产品消费重在消费实物结果不同，运动休闲消费的是整个体验过程，同时，人们在享受运动休闲服务时，体验就发生，并延续到休闲过程中和结束后。人们在这一过程中所得到的满足感不但与运动休闲服务的质量有关，而且与个人的体验能力、心情、技能、期望等有很大关系，因此运动休闲消费是一个综合性的过程体验，不只是一个结果消费。如帆船休闲包括准备、帆船目的地的过程体验、回程和体验后回味等整个过程。

2. 运动休闲服务消费强调消费技能性

一般的休闲可能不需要很高的消费技能，但运动休闲恰恰相反，大都需要参与者具有较高的消费技能。一般来说，消费技能越高，从休闲消费中获得的满足感也就越大。因为运动休闲是一个消费者完全亲身体验的过程，同样质量的运动休闲服务，由于消费技能的不同，获得的体验与满足感就会大相径庭。运动休闲的最高境界，就是取决于个人的技能水平与所参与的运动休闲活动所具有的挑战性。

3. 运动休闲服务消费具有消费外部性

运动休闲消费具有很强的消费外部性，很多运动休闲活动不仅能给个人带来正效应，而且能给社会带来正效应。如运动休闲消费者健康水平的提高可以减少国家和企业的免费医疗支出，并能提高劳动生产率；运动休闲消费可以提高个人的生活质量、生活满足感和幸福指数，还可以增加人与社会的接触，增加对社会的认同度，更好地适应社会，从而有利于社会稳定和谐。当然运动休闲也会产生负的外部性。如有些运动休闲会干扰别人工作和生活，有些会导致资源浪费和环境污染等。

第二节　运动休闲服务的需求与供给

一、运动休闲服务的需求

（一）定义

运动休闲服务的需求是指一定时期内消费者在各种价格水平下愿意而且能够购买，并有时间消费的运动休闲服务的数量。

（二）影响运动休闲服务需求的因素

1. 闲暇时间

现代社会发展使得在很多情况下，时间对运动休闲需求的约束比收入约束更强，而且有些运动休闲消费必须占用很多的闲暇时间。如果时间不足，即使服务价格下降，收入水平提高，对这些服务产品的需求量仍不能增大。同时闲暇时间的连续性也对运动休闲服务需求有重要影响，因为不同的运动休闲服务消费对时间的连续性有不同的要求。一般来说，时间连续性越高，对运动休闲服务的需求也越大。

2. 个人收入水平

从运动休闲服务进入商业领域的那一刻起，收入就成为个人所能享受到的运动休闲服务的主要指标。人们对运动休闲的参与率与实际家庭或个人的收入之间存在密切的正相关，不但收入水平较高，消费者的运动休闲参与率高，而且各类收入水平的消费者在收入较高时间段的休闲参与度也高。从我国当前的情况来看，城乡居民对运动休闲服务的消费需求也表现出了很强的随收入水平的提高而迅速增长的趋势。

3. 价值观念

价值观念对运动休闲服务需求的影响非常大，服务是财富、是消费品的观念也已开始成为共识，这将是推动我国运动休闲服务消费持续增长的强大动力。

4. 设施和场所使用程度

运动休闲是一种消费者直接使用运动休闲设施和场所进行的体验活动，一般都无法上门服务，而消费者的闲暇时间又是有限的，因此是否有便利的运动休闲机会就成为影响需求的一个因素。如运动休闲场所的远近、交通是否便利、运动休闲设施和场所利用的方便性等，这些都会影响运动休闲服务的可得性，从而影响消费者对运动休闲服务的需求。

5. 运动技能水平

登山、滑水、滑板等大多数运动休闲都需要参与者具有较高的技能水平。一般来说，消费技能越高，从休闲消费中获得的满足感也就越大，对运动休闲的需求也就越大。技能最简单的理解就是技术和能力。良好的运动技能是运动休闲开展的必要要素之一。许多具有良好的运动休闲参与习惯者，几乎都是掌握了一项或数项运动休闲项目的技能，良好的运动技能是支撑他们参与运动休闲的基本保证。

二、运动休闲服务的供给

（一）运动休闲服务供给的定义

运动休闲服务供给是指一定时期内运动休闲服务生产者在各种价格条件下，愿意且有能力提供的某种运动休闲服务的数量。

（二）影响运动休闲服务供给的因素

1. 运动休闲服务的价格

运动休闲企业对运动休闲服务的供给与运动休闲服务的价格正相关，运动休闲服务的价格是运动休闲服务供给的决定性因素。

2. 运动休闲服务供给的技术水平

运动休闲供给的技术水平对运动休闲器材设施供给的制约有较大的关系，尤其是一些特殊资源的约束，如滑雪，在雪源不足的情况下，常常需要人工补给。

3. 运动休闲服务的供给成本

成本对供给影响的表现随处可见，体育馆、高尔夫球场等一般建设周期较长、成本较高，对运动休闲服务的供给影响较大。

4. 运动休闲设施的承载力

运动休闲供给必须考虑运动休闲设施的承载力，这个承载力是保证一个运动休闲设施所提供的稳定的休闲服务质量的前提。如一个网球场在规定时间内提高比赛场次的数量是一定的。因此在实际经济中，绝大多数运动休闲设施的设施承载力是事先规划好的，一旦项目施工完成，其最大供给就已确定。理论上讲，运动休闲服务的供给就等于运动休闲设施的最大承载力。

5. 国家宏观政策

国家和政府在假日休闲、运动旅游和文化旅游等方面出台了一些宏观政策，包括计划、政策和法规等，如国家发改委、文化和旅游部的《国民旅游休闲发展纲要》从名称到内容都在逐渐酝酿、成熟中，政策上的改变带来的是旅游与经济、就业、休假制度等各方面息息相关的变化。

（三）运动休闲服务供给的渠道

1. 自我供给的运动休闲服务

自我供给的运动休闲服务是一种相对个人的活动，这类运动休闲服务的供给一般对他人和社会性设施和服务的依赖较小，是一种自娱自乐，例如跑步、打太极拳、下棋、打牌等。其实，真正完全自我供给的运动休闲服务并不多见，因为即使像跑步、打太极拳等看上去是纯自我的运动休闲服务，大多数还是需要利用公共空间的，下棋、打牌等也需要他人的共同参与。

2. 私人部门供给的运动休闲服务

私人部门属于营利组织，这类组织都是以利益最大化为目标，提供运动休闲服务只是获取利益的手段，因此只要愿意支付费用的人都能获得这类组织提供的服务。私人组织的收入全部来自市场，私人部门一般都是主动发掘运动休闲需求，主动为消费者提供运动休闲服务，而且经营方式灵活，有效根据市场需求变化提供的运动休闲服务，因而对市场需求变化具有高度敏感性，供给的运动休闲服务也是最具个性化的。就当前来说，私人部门已成为现代社会市场运动休闲服务的主要供给者，在所有提供运动休闲服务的组织中，私人部门的数目也最为庞大。

3. 公共部门供给的运动休闲服务

公共部门属于非营利组织，公共部门提供的运动休闲服务是指政府公共部门提供的非营利休闲服务。这类组织一般由政府直接领导，从政府获得拨款或资助，并享有一定的经营自主权，他们向公众提供服务时只收成本价格甚至免费。如一些体育公园、体育广场、健身路径等，还有各类履行某些政府职能的组织或协会，如体协、足协等。

4. 志愿者部门供给的运动休闲服务

志愿者部门又称公益性组织或私人非营利组织，这类组织一般由慈善组织、联合协会或俱乐部等机构组成，如业余运动俱乐部、桥牌协会等。这类组织的资金主要来源于社会各类捐助，目的既不是利润最大化也不是消费最大化，它们关注的主要是人类自身基本的运动休闲需要，常常利用大量的志愿者和受过培训的专业人员开展广泛的活动，一般只向符合条件特定人群，比如有共同爱好的会员，免费提供某些特定的运动休闲服务。

第三节　运动休闲服务的质量管理

一、运动休闲服务质量的内涵

运动休闲服务质量是指运动休闲服务能够满足规定和潜在需求的特征和特性的总和，是运动休闲企业为使目标顾客满意而提供的最低服务水平，也是运动休闲企业保持这一预定服务水平的连贯性程度。由于运动休闲在本质上是一个包括运动休闲活动、环境或背景、服务过程或服务传统系统以及创造并影响整个消费体验的概念系统，因此，关于运动休闲服务质量的内涵也是非常丰富的。

消费者对运动休闲服务质量评价的主要依据是自身的体验。消费体验既是消费者消费休闲产品的动机，也是消费者希望能够获得的收益。

运动休闲消费过程混合了对设备设施、环境、气氛等实体产品的消耗、使用、享受以及对服务过程的体验，因此对运动休闲服务质量的判断是一个综合性的评价。既包含有形实物产品质量，也包含无形服务和服务传递过程的质量。实物产品的质量可以进行确定的量化管理，并通过技术水平的持续改进和创新不断提高。无形的服务及服务传递过程的质量具有不确定性，需要多种服务管理工具、方法进行控制和改善。

运动休闲服务质量的考量要考虑到整个运动休闲服务体系。生产与消费的不可分割性决定了运动休闲服务是一个开放的过程体系，消费者参与运动休闲服务的整个过程，与服务体系形成互动，消费者、员工、服务环境等因素都会影响服务质量。同时消费者、员工、服务环境之间也会相互影响。通常人们总会强调员工服务态度对服务质量的影响，其实消费者的消费行为，尤其是消费者的运动休闲技能也会同样影响员工的服务态度，影响运动休闲效果的感受和评价，因此对服务质量的评价和度量，需要包含这个开放体系的所有参与者。

总之，消费者对运动休闲服务质量感知基于自身的消费体验，而运动休闲服务设备设施、服务过程、服务环境以及技能都会影响消费体验。

二、运动休闲服务质量的特殊性

"质量是企业的生命"，运动休闲企业也是如此。由于运动休闲服务质量本身的特殊性，使得对运动休闲服务质量进行管理非常重要。运动休闲服务质量的特殊性主要表现在以下几个方面：

第一，运动休闲服务质量管理的核心是对消费者运动体验的管理，运动体验是难以度量的。

第二，顾客对运动休闲服务质量的评价不仅考虑服务结果，而且涉及服务过程。而服务的过程与消费的过程同步进行，服务既无法"预演"、无法"试用"，也无法"返修"。

第三，"服务接触"的"真实瞬间"是评价服务质量的关键，这一"瞬间"是服务提供者与服务消费者共同的产出成果，顾客的参与增加了服务质量管理的复杂程度。

第四，顾客对运动休闲服务质量的评价需要一个认知的过程。服务具有异质性。服务质量中只有一部分可由服务提供者来评定，其余的只能通过顾客的体验、感受来评价。同一服务，不同的顾客会有不同评价。而顾客对服务质量的评价不完全取决于一次体验，往往需要很长一段时间，甚至有可能是在接受竞争对手的服务之后。

三、提高运动休闲服务质量的策略

在致力于提高运动休闲服务质量的过程中必须明确以下两个方面的内容：一是运动休闲企业对服务质量的规定及其执行贯穿于整个服务传递系统的设计与运行过程的始终，而不是单单依赖于事后检查和控制。因此，服务的过程、设施、装备与工作设计等都将体现出服务水平的高低。二是顾客对运动休闲服务质量的评价是一种感知认可的过程，他们往往习惯于通过服务传递系统中服务人员的表现及其与顾客的互动关系进行评价。因此，人的因素对于运动休闲服务质量的提高至关重要。

（一）运动休闲服务提供者的综合管理

运动休闲服务质量的全面管理不仅仅是运动休闲服务企业的直接的运动休闲服务提供部门和人员的责任，而且是以营销部门为中心的各个部门，从企业的最高经营者到中间管理人员直到第一线的每一位员工的综合管理行为。这里强调对运动休闲服务的提供者实施综合管理的理由是：企业的员工既是运动休闲服务的提供者又是运动休闲服务内容的一部分；当一个运动休闲企业向自己的顾客提供运动休闲服务时，这种运动休闲服务就是他们的行为；在多数场合下，顾客必须与运动休闲服务提供者进行接触，才能完成自己的购买、消费行为。因此，运动休闲服务提供者的行为对运动休闲服务的买卖行为的结果影响很大。一般来说，运动休闲服务的"无形"构成部分在其中所占的比例越大，构成服务的人的因素就越重要。有效地对服务提供者实行综合管理，直接关系到顾客的满足度与企业的效益。具体来说，服务提供者的综合管理主要包括以下四方面内容：

1.运动休闲服务提供者的选拔与训练

运动休闲服务提供者主要指把企业的服务直接提供给顾客的一线员工,这些员工的选拔与培训要考虑以下因素:

(1)服务本身的特点,决定了员工的选拔与培训标准

例如,在运动休闲服务中,服务员的年龄、性别、容貌、语言习惯、动作等比较重要,训练他们主要是要求他们学会直接同顾客打交道,掌握服务及相关知识。这里的外在条件与他们接待客人的能力都非常重要。然而,运动休闲服务的特点是服务员不可能较多地接触顾客,但他们的服务程度可被顾客看得很清楚,因此对他们的要求是自觉、认真、细致的工作态度。

(2)针对不同服务对象的特点,对服务的员工的选拔与培训也不同

例如,在运动休闲服务中,对于每一位工作人员都要求他们有责任心与高超的专业技能,但由于他们的服务对象不同,在他们的具体选拔与训练内容上会突出不同重点。如对青少年开展的运动休闲服务,就是掌握青少年人的心理,而对老年人开展的运动休闲服务,诱导老年人情绪的能力就变得相对重要。

(3)员工的选拔与培训要与运动休闲企业组织构造上的特点相一致

例如,俱乐部这样组织构造严密、各环节之间须紧密配合的机构,就需要作为服务提供者的工作人员有综合判断能力,并能与其他岗位上的其他人协调工作。但是,对于组织构造不甚严密的服务企业而言,如一般的休闲活动,作为服务提供者的工作人员的独立的判断、分析能力和随机应变能力是主要的训练内容。

2.运动休闲服务提供者的岗位安排

"人尽其用"是服务企业在员工岗位安排上的基本原则,要体现这样的原则须考虑两个方面的因素,即员工的个性与岗位环境特点。这是由于因每个人所受的教育、工作经验等差别而表现出不同的能力。人的心理素质不同,同样能力的人在同样岗位工作,其工作成果并不一定相同。人的脾气秉性不同,脾气秉性不和的人安排在同一岗位上就会影响协调的效率。因此,做到人尽其用,要看他们自身的条件、岗位特点与顾客特征。也就是说,岗位安排在考虑员工的个性与企业内部的诸环境要素相适应的同时,还要考虑与企业的外部环境要素,特别是顾客的要求相适应。

3. 给予运动休闲服务提供者适当的权限

对于工作在服务一线的员工，不仅要规定责任，还要给予适当权限。这是因为对于多数服务企业来说，一线员工在提供服务的过程中必然与顾客直接接触，因此很容易出现一些意料之外的问题与冲突。面对这样的情形，当事的员工应该在一定范围内具有无须事先请示而处理问题的权限。

4. 监督运动休闲服务提供者的行为

这种监督一般包括以下几个方面：

（1）销售状况

运动休闲企业根据对销售状况（如销售额、市场占有率、利润额、顾客购买率等）的监督考察员工的业绩。

（2）顾客投诉处理

利用顾客投诉处理制度监督员工的工作表现。

（3）员工的建议、提案处理

对于任何运动休闲企业而言，员工对于运动休闲企业的建议、提案是企业经营管理智慧的最重要的源泉。员工的建议、提案处理制度要与员工的奖励晋升制度结合起来。

（4）顾客满意度的调查

运动休闲企业可以通过顾客满意度的调查，了解运动休闲企业存在的问题，掌握顾客对员工和企业的评价。

（二）运动休闲服务提供过程的综合管理

运动休闲服务的提供全过程包括提供前、提供中及提供后三个阶段。这个全过程的管理就是根据这三个阶段的顾客需求，系统地、有机地展开运动休闲服务质量管理行为。运动休闲服务提供前的质量管理从运动休闲服务提供系统的检查开始，它与运动休闲服务提供者的人员准备与物质准备密切相关。运动休闲服务提供中的质量管理是指对于每一位顾客，都尽可能地按其期待的方式提供其所期待的运动休闲服务内容。运动休闲服务提供后的质量管理是指听取顾客的意见，并把他们的要求体现在以后的运动休闲服务提供中。在这样的运动休闲服务提供过程中，对运动休闲服务质量综合管理的具体实施要注意以下几点：

第一，运动休闲服务企业的营销部门必须与运动休闲服务的直接提供部门及后援部门互相理解、协同行动，否则运动休闲服务提供过程的综合管理难以成功。这是因为运动休闲服务的提供行为不是企业某个部门单独完成的行为，它是以营销部门为核心，多个部门相互作用、共同努力的结果。

第二，为了顺利展开对运动休闲服务提供过程的综合管理，部门之间的信息共享和责任分担是重要的前提条件。这就是说，各个部门以前独自占有的信息应向关联部门公开，以加深各部门之间的相互关心，加强信赖基础，明确共同的利害关系；在此基础上，确定运动休闲服务提供过程中的各个部门的责任分工和任务目标，同时决定企业内经营资源的分配与信息传递方法。

第三，运动休闲服务提供过程的综合管理一般从两个层次展开：决定每一个单一的运动休闲服务的提供程序；决定企业整个运动休闲服务提供系统的运转方式。也就是说，针对运动休闲服务提供过程的三个阶段的特点，决定物的流动、人的流动及信息的流动。

四、运动休闲服务构成要素的综合管理

运动休闲服务构成要素的综合管理是对影响运动休闲服务内容的所有要素进行全面分析、把握和控制的行为。这样的行为关键是把多种多样的运动休闲服务要素按照顾客的意愿进行合理组合。一般来说，分析运动休闲服务质量时，要考察运动休闲服务的内容构成及数量两个方面。运动休闲服务的内容基本上分为机能部分和附属部分，如运动设施的数量与质量、会员卡的质量保证、服务的差异化等属于机能部分；而促成这些机能有效发挥的必要条件则是附属部分，如运动休闲场所的前台接待、俱乐部的设施环境、会籍顾问的售卡等。服务的数量是指服务的提供与消费的空间大小、时间长短等概念。服务质量就是顾客在利用某种服务时所感受到的机能或效用。对于顾客来说，整洁舒适的健身环境、满意的态度和亲切的指导就是保证服务质量的基本要求。服务构成要素的综合管理从确定目标市场的需求开始，首先要明确目标市场的类型和需求类型。例如，对于游泳俱乐部服务来说，顾客通常比较关注下列服务构成要素：安全性、舒适性和经济性等。当然，服务的内容、数量和质量的确定要充分考虑投入与产出的比率。对于服务企业的经营者来说，在对上述三个方面的服务质量进行全面管理决策时，要注意以下几点：

第一，这样的管理行为是一个持续的过程，根据市场需求的变化，各个要素本身和构成服务的整体组合要不断更新、改善。

第二，各个要素、各个环节虽然相对独立存在，但调整某一个要素或环节时要充分考虑要素之间、环节之间的联动关系。

第三，顾客虽然不是服务质量全面管理的主体，但事实上顾客的理解和参与对于服务质量的全面管理的结果有重大影响。

五、改善运动休闲服务质量的技巧

研究人员和实业界人士曾提出许多方法和技巧来提高企业的服务质量。在此介绍三种常用的方法，即定点超越（benchmarking）、蓝图技巧（blueprintingtechnique）和服务保证（servicecommitment）。

1. 定点超越

运动休闲企业提高服务质量的最终目的是在市场上获得竞争优势，而获得竞争优势的简捷办法就是向自己的竞争对手学习。定点超越法即运动休闲企业将自己的产品、休闲服务和商场营销过程等，同市场上的竞争对手尤其是最好的竞争对手的标准进行对比，在比较和检验的过程中逐步提高自身的水平。

尽管定点超越法最初主要应用于生产性企业，但它在运动休闲服务行业中也是适用的。运动休闲服务企业在运用这一方法时可以从战略、经营和业务管理等方面着手。

（1）战略

运动休闲企业应该将自身的市场战略与竞争者成功的战略进行比较，寻找它们的相关因素，如竞争者主要集中在哪些细分市场，竞争者追求的是低成本战略还是附加价值战略，竞争者的投资水平如何，他们是如何在产品、设备和市场开发等方面分配资金的等。通过这一系列的比较和研究，企业将会发现过去可能被忽略的成功的战略因素，从而制定出新的、符合市场条件和自身资源水平的战略。

（2）经营

在经营方面，运动休闲企业应主要集中于从降低竞争成本和提高竞争差异化的角度了解竞争对手的做法，并制定自己的经营战略。

（3）业务管理

在业务管理方面，运动休闲企业应该根据竞争对手的做法，重新评估那些支持性职能部门对整个运动休闲企业的作用。比如，在一些运动休闲服务企业中，与顾客相脱离的后勤部门，缺乏适度的灵活性而无法与前台的质量管理相适应。学习竞争对手的经验，使得两者步调一致，这无疑是企业提高运动休闲服务质量的重要保证。

2. 蓝图技巧

运动休闲服务企业要向顾客提供较高水平的休闲服务质量和顾客满意度，还必须理解影响顾客认知服务的各种因素。蓝图技巧（服务过程分析）为企业有效地分析和理解这些因素提供了便利。蓝图技巧是指通过分解组织系统和架构，鉴别顾客与服务人员的接触点，并从这些接触点出发改进企业服务质量的一种战略。它最先由萧斯塔克引入服务营销学中。蓝图技巧借助流程图的方法来分析服务传递过程的各个方面，包括从前台服务到后勤服务的全部过程。它通常涉及四个步骤：

第一步，把服务的各项内容用流程图的方式画出来，使服务过程能够被清楚、客观地展现出来。

第二步，把那些容易导致服务失败的不足找出来。

第三步，确立执行标准和规范，而这些标准和规范应该体现企业的服务质量标准。

第四步，找出顾客能够看得见的服务证据，而每一个证据都将被视为企业与顾客的服务接触点。在运用蓝图技巧的过程中，甄别和管理这些服务接触点具有重要的意义，因为在每一个接触点，服务人员都要向顾客提供不同的职能质量和技术质量。而在这一点上，顾客对服务质量的感知好坏将影响到他们对企业整体印象的好坏，如一家健身休闲俱乐部提供服务的过程中涉及以下几个接触点：顾客向俱乐部寻求信息、顾客订购服务卡、健身教练的指导。其中，任何一个环节出现问题，都有可能导致顾客认为该家俱乐部的服务质量较差的结果。

3. 服务保证

服务保证又称服务承诺，是提供给顾客的关于服务的正式承诺。运动休闲的服务保证不仅是一种重要的营销工具，同时成为组织内部对其服务质量进行定义、培训和维护的一种方法，因为一个有效的保证为组织建立了明确的标准，还可以从顾客那里得到快速和及时的反馈。通过顾客反馈，服务得到改进，既使顾客受益，也使员工间接受益。运动休闲的服务保证的使用是有一定策略的，而且服务保证并不是适合所有的运动休闲企业和每一个服务环境，在实施一项运动休闲的服务保证策略时候，有许多重要问题需要认真考虑，如谁来做决定、何时提供运动休闲服务保证、应该提供何种类型的运动休闲保证等。有些情况就不适合提供运动休闲服务保证，如公司现有质量低劣、保证与公司形象不符、保证的成本过大、感觉与竞争者之间没有什么差异等。

第十章　运动休闲项目的管理

改革开放以来，随着人们生活水平的提高、消费观念的更新，我国体育休闲娱乐经营有了较大的发展，并取得了许多瞩目的成绩。运动休闲项目的管理与体育休闲娱乐经营有着重要的关系。本章介绍了运动休闲项目的管理，包括运动休闲项目管理概述，运动休闲项目的计划，运动休闲项目的组织与实施以及运动休闲项目的评估。

第一节 运动休闲项目管理概述

一、运动休闲项目概念

(一)运动休闲项目定义及其特征

1. 运动休闲项目的定义

休闲项目是以休闲运动为主要内容的,一次性、临时性和不断完善的休闲项目。如高尔夫球比赛、户外探险项目(登山、野外攀岩、野营)等,都属于运动休闲项目。

2. 运动休闲项目的特征(见图10-1-1)

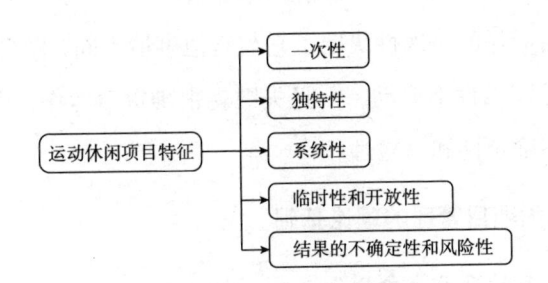

图 10-1-1 运动休闲项目的特征

(1)运动休闲项目的一次性

运作一个运动休闲项目,无论是何种类型的项目,它都有明确的起点和终点,它可以借鉴项目管理理论知识及其运作过程,但是绝对没有完全照搬的先例,也不会有完全相同的复制。因此,一次性是运动休闲项目与其他重复性运行或操作工作的最大区别。

(2)运动休闲项目的独特性

每一个运动休闲项目都具有自己的独特性,不同的项目或比赛本身就存在差异,即使是相同的项目或比赛,也会因时间、地点、人物等客观条件和运动休闲项目主办者主观愿望的不同而存在差异,即每一个项目或比赛都是独一无二的。

（3）运动休闲项目的系统性

运作运动休闲项目过程中，所进行的一切项目都是相关联的，这些相关联的管理要素构成了一个整体，多余的项目则是不必要的，但是缺少某些项目必将影响运动休闲项目目标的实现。

（4）运动休闲项目的临时性和开放性

运动休闲项目的团队在运作的全过程中，其人数、成员、职责都是在不断变化的。某些团队成员是借调来的，当整个运动休闲项目结束时，这个临时团队就会解散，人员要转移。参与运动休闲项目运作的组织往往有多个，往往涉及很多部门，他们通过协议或合同以及其他的社会关系组织在一起，在运动休闲项目运作的不同时段，不同程度地介入到运作过程中。即运动休闲项目运作的组织没有严格的边界，与一般企事业单位和政府机构组织很不一样。

（5）运动休闲项目结果的不确定性和风险性

运动休闲项目运作的一次性决定了它与其他事情不同，做得不好不可以重来。运动休闲项目在特定条件下启动，一旦失败就很难重新运作，因此运动休闲项目运作具有较大的不确定性和风险性。

（二）运动休闲项目管理的理论基础

1. 运动休闲项目的项目生命周期

运动休闲项目的组织者可以把每一个运动休闲项目划分成若干个阶段，以便有效地进行管理控制，并与实施该组织的日常运作联系起来。这些项目的各个阶段合在一起称为运动休闲项目的项目生命周期，分为四个阶段：概念阶段、计划阶段、实施阶段和收尾阶段。

（1）概念阶段

概念阶段是指运动休闲项目的初始目标和技术规格的发展。在这个阶段中，确定了工作范围，识别必要的人力、财力和物力资源等，并确定重要的组织成员。

（2）计划阶段

计划阶段要制订详细的运动休闲项目的目标、图表、进度计划以及其他计划。

运动休闲项目的个人负责部分，通常称为工作包，应该进行分解，指派好任务，并清楚描绘完成任务的流程。

（3）实施阶段

实施阶段要做的是运动休闲项目的具体工作。运动休闲项目团队的大量工作正是在这个阶段完成的。在这个阶段运动休闲项目的成本迅速攀升。

（4）收尾阶段

收尾阶段发生在运动休闲项目移交到客户手中后，资源进行重新配置，项目正式收尾。当具体的运动休闲项目完成后，项目的成本和范围迅速减小。

2. 运动休闲项目的项目利害关系者

运动休闲项目的项目利害关系者是指运动休闲项目的积极参与者，或其利益因项目的实施或完成而受到积极或消极影响的个人和组织。他们还会对运动休闲项目的目标和结果施加影响。

运动休闲项目的管理团队必须弄清楚谁是利害关系者，并确定他们的要求和期望，然后根据他们的要求对其影响尽力加以管理，确保项目取得成功。每个运动休闲项目的关键利害关系者有：运动休闲项目组织者、运动休闲项目的顾客（用户）、运动休闲项目的设施组织、运动休闲项目的工作团队、运动休闲项目的赞助商、运动休闲项目的施加影响者。

二、运动休闲项目管理的定义

依据美国项目管理协会给出的项目管理定义，项目管理是"把各种知识、技能、手段和技术应用于项目活动之中，以达到项目的要求，项目管理是通过应用和综合诸如启动、规划、实施、监控和收尾等项目管理过程来进行的"。项目管理的定义要满足以下三个条件：项目管理要成功地达到一个特定的目标；这个目标的实现要受时间、预算及其他条件的限制；为了达到预定目标并同时满足限制条件，就必须采用科学而有效的管理。

根据上述对项目的定义及其特征的理解，项目由以下五个要素构成：项目的界定（范围）、项目的组织结构、项目的质量、项目的费用、项目的时间进度。

因此，运动休闲项目管理就是指把各种知识、技能、手段和技术应用于运动休闲项目的组织管理之中，以达到项目的要求。它是通过应用和综合诸如启动、规划、实施、监控和收尾等项目管理理论与方法来进行的。

三、运动休闲项目过程管理

运动休闲项目的组织与实施是一个完整的过程，是一组为了完成一系列事先指定的产品、成果或运动休闲服务而需执行的互相联系的行动和项目。在大多数情况下，大多数项目都有共同的项目管理过程，它们通过有目的的实施而相互联系起来。目的就是启动、规划、执行、监控和结束一个项目。从项目组成各个过程之间的相互作用与影响，以及它们用途的角度，来介绍项目管理过程。这些过程可归纳为5组，分别为项目管理过程组（即启动过程组）、项目规划过程组、项目执行过程组、项目监控过程组、项目收尾过程组。运动休闲活动作为一种项目，其组织管理遵循项目管理过程，具体如下：

（一）运动休闲项目的启动过程

运动休闲项目的启动过程包括以下几个步骤：

1. 制定目标

目标决定项目的性质和规模。为了确定目标，就必须明确所有的利益群体，并且在策划的第一阶段就考虑他们的需要，包括潜在的合作伙伴和相关的这一阶段应该提出的基本问题，包括为什么举办项目，要达到什么目的，怎样获益，有没有政治、社会、文化、环境和经济效益，时效性如何等。需要考虑的利益群体主要有以下几类：客户、供应商、投资人、工作人员、外部影响人。

2. 形成概念

概念是被设计用于完成任务的工具，只有在制定了目标之后，才能设计、形成概念。制定目标阶段，需要明确参与或者应该参与项目的所有利益群体。制定目标阶段需要明确决策人。这一阶段涉及的主要问题是确定运动休闲项目的内容和特点。为了充分开发概念以便达到预定目标，需要进行情景分析，包括评估竞争情况，对运动休闲项目的规模、运作方式、时间安排、地点、所需设备与设施以及已有设备与设施的利用率的考虑，是这一阶段的主要议题。明确潜在的战略合作伙伴，包括地区或者国家政府部门、体育主管团体、运动休闲项目所有者、促销人或者慈善团体等，这也是概念形成阶段需要尽早考虑的问题。

3. 调研运动休闲项目的可行性

可行性调研阶段的核心是确定运动休闲项目能否完成预定目标。只有在规划过程中不断地调整，才可能保证达到目标。不论规模大小，在可行性调研阶段都需要进行成本—收益分析，以便制订预算，使组织者预测可获得的收益程度。通过预测，他们可以获得利益群体的大力支持，通过在采取行动的决策前对比成本和收益，组织者可以把不必要的成本控制到最低，这就需要考虑下列方面：

第一，明确谁负责达成目标（短期和长期目标）以及所需时间。

第二，明确所需资源以及资源的来源，包括财政、人力、设施和设备、运动休闲营销和运动休闲服务等，明确付款时间。

第三，明确运动休闲项目的举办标准和所需财力资源以及取消该项目的能力或者从失败的申办中受益的能力。

第四，运动休闲项目的执行、实施和评估需要以及所需时间安排。

第五，场地设施赛后长期利用的各种需要。这些问题是编制预算的基础，揭示了运动休闲项目的成本。可行性评估还应包括运动休闲项目的长期的经济影响，以及社会、文化和环境因素评估。

（二）运动休闲项目的规划过程

在运动休闲项目申办成功并完成了总章程以及初步核定该项项目的范围之后，接着需要做的就是对该项运动休闲项目进行具体规划。规划内容主要包括以下部分：整体管理规划、范围管理规划、时间管理规划、成本管理规划、质量管理规划、人力资源管理规划、沟通管理规划、风险管理规划、采购管理规划。

（三）运动休闲项目的执行过程

1. 运动休闲项目执行过程组的定义和作用

运动休闲项目执行过程组由完成运动休闲项目管理计划中确定的工作和满足

运动休闲项目要求的各个子过程组成；该过程组用于协调人与资源，按照运动休闲项目管理计划统一并实施运动休闲项目，处理运动休闲项目范围说明书中明确的范围，实施经过批准的变更。

2.执行过程组主要管理过程

第一，指导与管理项目执行。

第二，实施质量保证。

第三，组建运动休闲项目工作团队。

第四，建设运动休闲项目团队。

第五，发布信息。

第六，询价。

第七，选择卖方。

（四）运动休闲项目的监控过程

1.运动休闲项目监控过程的作用

该过程的关键在于观察和识别出潜在的问题，必要时采取纠正措施，以控制运动休闲项目的各个过程组成部分，并定期测量运动休闲项目的绩效，以便发现运动休闲项目管理计划在执行中的偏差。监控过程还包括控制变更，并在可能发生问题之前提出预防措施。

2.运动休闲项目监控的内容

运动休闲项目组织实施过程中，主要监控以下工作环节：

（1）整体变更控制

由于运动休闲项目很少能够准确地按照既定的计划进行，因而变更控制必不可少。整体变更控制就是控制造成变更的因素，确保变更带来有益结果，判断变更是否已经发生，在变更确已发生并得到批准时对其加以管理。该过程从运动休闲项目启动直到运动休闲项目结束贯穿始终。

（2）范围控制

运动休闲项目的范围控制指运动休闲项目的宗旨、目标等内涵性内容发生变化后，通过对造成该项目范围变更的因素施加影响，从而控制这些变更造成后果的一个管理过程。范围控制就是要确保所有要请求的变更与建议性的纠正均通过整体变更控制过程得到处理。

（3）进度控制

运动休闲项目的进度控制指对运动休闲项目各项工作任务进展情况的监督和检查。主要监控各项工作任务的当前状态，并对造成进度变化的因素实施应对管理。

（4）费用控制

运动休闲项目的费用控制指对该项目的所有费用使用情况进行监控。主要包括对造成费用基准变更的因素实施应对管理，采取有效措施，将费用超支控制在可接受的范围内。

（5）质量控制

运动休闲项目的质量控制指监控该项目的具体结果，判断其是否符合相关质量标准，并找出具体应对管理措施的过程。质量控制贯穿项目的始终。

（6）团队管理

运动休闲项目的团队管理指跟踪观察和评估团队成员绩效，提供反馈，管理冲突，解决问题并协调各种变更，以提高项目整体绩效水平。

（7）沟通管理监控

沟通管理监控主要包括绩效报告和利害关系者管理。其中，绩效报告主要是搜集整理和传播项目的绩效信息，包括状况报告、绩效量度及预测。利害关系者管理是指对沟通进行管理，以满足项目利害关系者的需求，并与之一起解决问题。

（8）风险监控

运动休闲项目的风险监控指在整个项目的生命周期中，跟踪已识别的风险、监测残余风险、识别新的风险和实施风险应对计划，并对其有效性进行评估。

（9）采购管理监控

运动休闲项目的采购管理监控指对于项目的发包、询价、选择卖方、合同管理和合同收尾进行监督和管理的过程。在选择并确定卖方的投标过程以及之后的合同管理是尤为突出的两个监控环节。

（五）运动休闲项目的收尾过程管理

1. 运动休闲项目收尾过程管理定义

收尾过程组包括正式结束运动休闲项目各阶段的所有任务，将完成的成果交与他人或结束运动休闲项目的各个过程。

2. 运动休闲项目收尾过程主要管理内容

包括以下几个方面：

第一，行政收尾程序。

第二，合同收尾程序。

第三，最后的产品、运动休闲服务或成果。

第四，组织过程资产更新。

3. 运动休闲项目的评价过程

运动休闲项目评价指对运动休闲项目实施仔细观察、测量和监督，以便正确评估结果的过程。运动休闲项目评价可以提供运动休闲项目的基本轮廓和重要的统计结果，为运动休闲项目参与体提供反馈，且为运动休闲项目做具体分析并提升运动休闲服务水平。运动休闲项目的评价结果还可以通过新闻媒体宣传运动休闲项目所取得的成效，从而推广运动休闲项目，为未来运动休闲项目在计划和寻求赞助上打下良好的基础。因此，它在运动休闲项目管理过程中扮演着重要的角色。

根据运动休闲项目管理过程，运动休闲项目评价可以分为项目实施前评价（可行性研究）、项目组织实施期间评价和项目结束后评价。项目实施前评价主要是预计运动休闲项目可能的成本和运动休闲项目的效果，以供运动休闲项目管理者决策。运动休闲项目组织实施期间评价是为了确保运动休闲项目能按既定的轨道前进，使运动休闲项目管理者能够针对出现的问题及时作出反应，并对运动休闲项目计划进行调整。项目结束后评价是测量与运动休闲项目目标相关联的结果。运动休闲项目评价可以运用数据收集、观察、反馈会议、调查问卷和测量等手段进行。运动休闲项目评价具有广泛性，运动休闲组织对运动休闲项目的评价具有非常高的历史参考和借鉴作用，直接影响未来运动休闲的运作方式。许多国际体育组织都有专门的运动休闲项目评价和报告形式的规定，其评价内容非常全面，包括运动休闲项目评价时间的选择、运动休闲项目评价程序、运动休闲项目评价内容、运动休闲项目遗产评估和运动休闲项目清算等。

(六) 运动休闲项目管理过程间的联系与作用

运动休闲项目管理过程之间是以它们所产生的成果相互联系。一个过程的成果一般成为另一过程的依据或成为运动休闲项目的可交付成果,例如,规划过程为执行过程提供正式的运动休闲项目管理计划和该项目范围说明书,并随着运动休闲项目的绩效经常更新该项目的管理计划。此外,由于运动休闲项目的过程极少是孤立或只执行一次的事件,各种运动休闲项目任务都是在整个运动休闲项目生命期内自始至终以不同的程度互相重叠的方式存在的,若运动休闲项目划分为几个阶段,则很多项目过程不但在阶段内,而且可能跨越阶段相互影响和相互作用。

第二节 运动休闲项目的计划

一、运动休闲项目计划的作用与原则

计划就是确定组织未来的目标以及如何实现该目标(理查德·L.达夫特,2019),运动休闲项目计划则是实现某一运动休闲目标或达到某一效果的预先设想,以及为实现其目的预先安排和准备采取的措施和手段。计划过程包括确定一个组织当前的位置、该组织未来最佳的地位和为了达到这一地位所需的战略或战术。计划所关心的是目标和为达到那些目标而使用的手段,缺乏计划或计划不周将会破坏公司的业绩。

(一) 运动休闲项目计划的作用

制订计划就是根据既定目标,确定行动方案,分配相关资源的综合管理过程。具体而言,就是通过对过去和现在、内部和外部的有关信息进行分析和评价,对未来可能的发展进行评估和预测,最终形成一个有关行动方案的建议说明—计划文件,并以此文件作为组织实施工作的基础。计划是组织为实现一定目标而科学

地预测并确定未来的行动方案。任何计划都是为了解决三个问题：确定组织目标、确定达成目标的行动时序、确定行动所需的资源比例。具体来说有以下两个方面：

1. 规范作用

确定完成项目目标所需的各项任务范围，落实责任，制定各项任务的时间表，明确各项任务所需的人力、物力、财力并确定预算，保证项目顺利实施和目标实现；确定项目实施规范，成为项目实施的依据和指南；确立项目组成员及其工作责任范围、地位以及相应的职权，以便按要求指导和控制项目的进展，减少风险；使项目组成员明确自己的奋斗目标，实现目标的方法、途径及期限，并确保以最小化的时间、成本及其他资源需求实现项目目标。

2. 协调作用

促进项目组成员及项目委托人和管理部门之间的交流与沟通，增加顾客满意度，使项目的各方面工作协调一致，并在协调关系中了解哪些是关键因素；计划通常需要在多个方案中进行分析、评估和筛选，最终形成一个可行的、能够实施并达到预期目标、实现最优的资源配置的方案。计划可作为进行分析、协商及记录项目范围变化的基础，也是确定时间、人员和经费的基础。

（二）运动休闲项目计划的原则

项目计划作为项目管理的重要阶段，在项目中起着承上启下的作用。因此，在制订过程中要按照项目总目标、总计划做详细计划。计划文件经批准后，可作为项目的工作指南。因此，在项目计划制订中应遵循以下原则（图10-2-1）：

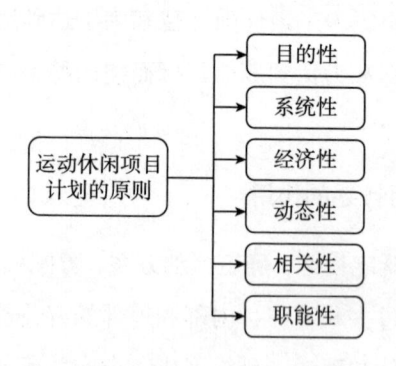

运动休闲项目计划的原则
- 目的性
- 系统性
- 经济性
- 动态性
- 相关性
- 职能性

图 10-2-1 运动休闲项目计划的原则

1. 目的性

任何项目都有一个或几个确定的目标，以实现特定的功能、作用和任务，且任何项目计划的制订均围绕项目目标的实现展开。在制订计划时，首先要分析目标、明确任务。

2. 系统性

项目计划本身是一个系统，由一系列子计划组成，各个子计划不是孤立存在的，彼此之间相对独立又紧密相关，制订出的项目计划具有系统的目的性、相关性、层次性、整体性等基本特征，从而使项目计划形成有机协调的整体。

3. 经济性

项目计划的目标不仅要求项目有较高的效率，而且要有较高的效益。所以在计划中必须提出多种方案进行优化分析。

4. 动态性

这是由项目的生命周期所决定的。一个项目的生命周期短则数月、长则数年，在此期间项目环境处于变化之中，这就要求项目计划要有动态性，要随着环境和条件的变化而不断调整和修改，以确保完成项目目标。

5. 相关性

项目计划是一个系统的整体，构成项目计划的任何子计划的变化都会影响其他子计划的制订和执行，进而影响项目计划的正常实施。制订项目计划要充分考虑各子计划之间的相关性。

6. 职能性

项目计划的制订和实施不应以某个组织或部门内的机构设置为依据，也不应以自身的利益及要求为出发点，而是以项目和项目管理的总体及职能为出发点，涉及项目管理的各个部门和机构。

二、运动休闲项目计划的阶段

一般认为计划分为三个阶段，即立项阶段、实施阶段、评估和反馈阶段。

（一）运动休闲项目立项

立项就是把运动休闲项目作为一个项目确定下来，包括这个项目要不要做、为什么做。特别是一些大型运动休闲项目，是一项有目的、有计划、有步骤地组织众多人参与的社会协调项目，需要办理审批手续，得到有关单位的审批。项目立项可以回答以下关于项目的各种基本问题：为什么需要某个项目（决策）、需要努力达到的目标是什么（目标）、将在什么时候完成它（指示、监控和评估）、应当如何达成我们的目标（项目策划）、达成目标都需要哪些条件（投资输入）、谁去具体实施（人员和责任）。

对于新的项目，这个阶段包括决策的制定，内容包括运动休闲项目的类型、持续时间、场所、时间安排等。首先要确定的是竞标的是一项什么项目。一旦项目确定下来，就可以做一个初步的评估，看看他们的能力与项目组织结构和主办目标是否吻合。如果评估认为值得对项目进行进一步的调查，下一步将通过可行性研究对该项目进行更具体、细致的审核。

1. 调研和可行性分析

进行可行性研究考虑的因素很多，这些因素（视项目的具体情况）包括可能的预算需求、管理技能的需要、项目举办地点容量、主办团体和目的地的影响、运动休闲志愿者、赞助商和辅助性运动休闲服务（如设备租用公司）的可用性、预计到场人数、基础设施需要、公共与私人财政支援的可能性、该项目所得到的政治支持率等事项。应当注意的是，与这些研究相联系的细节和复杂程度是会变化的，如一个像户外运动旅游节这样的运动休闲项目计划过程要比野外钓鱼或小型比赛更长、更为详细。

（1）确定市场规模和结构

市场规模，尤其是上下限的界定，是一个运动休闲项目策划项目获利能力的基础。市场规模的下限，是指一个运动休闲项目策划项目具有获利能力的最低市场规模。市场规模是对市场进行量的分析，而市场结构则是对市场进行质的分析。运动休闲项目市场结构往往从以下三个角度进行分析：客源区位、社会人口学特征和消费行为。另外，国家关于大型项目方面的政策和法规、公众关注的热点、历史上同类个案的资讯、场地状况和时间的选择性等，都是调查的内容。

（2）竞争分析

运动休闲项目策划的目的是建立或维持某项项目在市场中的位置，而市场是存在竞争的，因此，必须对市场的竞争环境和自身的优缺点进行分析。对自身的优势、劣势、机会和威胁进行全面评估，能够较客观而准确地反映一个单位的现实情况。SWOT，即态势分析法，用于评估组织的优势（Strengths）、劣势（Weaknesses）、机会（Opportunities）和威胁（Threats），可以分为两部分：第一部分为 SW，主要用于分析内部条件；第二部分为 OT，主要用于分析外部条件。将调查得出的各种因素根据轻重缓急或影响程度等排序方式，构造 SWOT 矩阵。在完成环境因素分析和 SWOT 矩阵的构造后，运用系统分析的综合分析方法，将排列与考虑的各种环境因素相互匹配起来加以组合，可得出一系列运动休闲项目未来发展的可选择对策。

（3）可行性研究

可行性研究是一个十分重要的工作步骤。研究范围包括运动休闲项目的社会适应性、社会环境和目标公众的适应性，如策划一次户外项目，由于运动休闲项目须在野外露营，比常规运动项目条件更艰苦，体力消耗更大，具有一定的风险，是对生存的一次挑战和检验。另外，由于徒步穿越看到了最美丽的、普通人看不到的风景，刺激性和观赏性与常规景点无法相提并论。同时保护生态，注意环境卫生，所有杂物和垃圾一定要带出这些地区等，也是社会环境保护的要求。从效益的角度考虑，做这样的项目是否有利于宣传方面节省费用，如果投放媒介做广告，比做大型项目更有效，大型项目就不一定要做了。另外，还要考虑社会物质水平的适应性，大型项目需要动用许多社会物质，许多创意也需要物质的支持，因而需要考虑效益的可行性。最后一个是应急能力，考虑需要哪些应急措施。如户外项目，包括雪山攀登、攀岩、溯溪、探洞、穿越等，面对的往往是与日常生活状态完全不同的环境，在增加了户外乐趣的同时，其所增加的不可预测性、安全性是必须优先考虑的。要考虑天气的情况，野外项目考虑更多的是安全设施的问题，这些都是可行性研究的范畴。

2. 确定策划目标

运动休闲项目发展的目标与策略，是由相关资源与市场共同决定的，资源与市场的结合点是项目。在确定运动休闲项目策划的目标时，应注意以下问题：

（1）层次性

任何时期的策划往往需要实现多重目标，在实现的过程中有时会冲突，因此必须明确不同目标的轻重缓急以及主次，做到有主有次、环环相扣。

（2）可行性

策划的目标实现应该具有相应的人、财、物等资源的基础。应该在指定的条件和约束的限度内，从全局出发，量力而行，结合自己现有的条件和潜在的能力，制订出合适的方案。

（3）可量化

将目标进行量化，使之更明确，实施起来也更有指导性。

3. 拟定备选方案

根据既定的策划目标，制定可以实现目标的各种方案，策划方案最终体现为详尽的策划书。在拟定策划方案时，一般应遵循两个基本原则：

第一，提供两个以上备选方案，并将每一种选择在政治、经济、社会、公共关系等方面可能出现的后果及利弊一并列出，防止越权和代替策划；

第二，在多方案的情况下，坚持各方案间相互排斥性原则，不同原则的方案是不能重合的。这一阶段是在前一阶段的基础上进行创造性思维，产生创意，然后把创意转化为可实际操作的行动方案，由于创意可能是几个或多个，因而方案也可能是多个，要进行对比选优。

4. 方案的筛选和论证

进一步对运动休闲项目的内外部情况进行全面、系统地分析，对各种可能出现的情况进行充分的预估，权衡利弊，选择最优。方案不仅要有论证，而且还要有科学的论证，方案论证通常使用定位式优选法、轮转式优选法和优点移植法。

5. 申办准备

批准要建立在可行性研究结果的基础上，这一步骤是必需的。申办的过程包括以下几个步骤：

第一，确认可以被调配以支持项目的资源（场地、政府拨款）。

第二，给项目所有者开发一条准备和陈述竞标文件的关键路径。

第三，形成对项目的组织以及项目本身的性质的理解。

第四，准备申办文件。

第五，准备继续或终止。对新项目来说，可行性研究的结果将直接决定项目是否以及将何时进行。

（二）运动休闲项目方案实施

项目方案实施必须强调项目前期的准备工作。按照项目目的、项目形式、项目流程三项做详细准备，从细从严地要求。在各项准备中，运动休闲项目费用预算和资金募集尤其关键。

1. 运动休闲项目执行方案

（1）项目方式

内容和形式两者必定是相互依存而共生。形式的选择是展现项目内涵的基本要求，恰当的形式能使内容表现得更加充分而丰富。这部分主要阐述项目开展的具体方式。有两个问题要重点考虑：确定伙伴和确定刺激程度，在项目规模上，在有限的条件下应尽可能提高项目的档次和规模，扩大声势，以利于扩大项目影响面，达到商业运作的目的。同时策划中需要突出设计一个运动休闲活动的精彩时段，要有高潮，要把这个环节设计得更有影响和传播性。如某俱乐部组织徒步穿越长白山大峡谷的户外项目，整个穿越将在海拔2500米以上的高点进行，先后翻越6座山峰，最终到达北坡小天池结束，全程历时10小时左右，行程约3万米。其中登顶长白山最高峰白云峰是项目的高潮。

（2）项目流程

流程安排指按照日程顺序和人员分工来安排项目的分项目。流程要达到专业、系统、严密，从细节保障成功。细节流程一般可以从任务分工、时间分配、项目对接、物资保证等若干部分去把握。每次项目都要把项目的基本要素落实到人，细化到每个环节。而对于整个流程的全程把控也是整个项目执行的精髓所在，它不但能将方案淋漓尽致地表现出来，更能有助于后期跟踪宣传的发挥。策划进度表包括策划部门刻意的时间安排以及项目本身进展的时间安排，时间在制定上要有弹性，具有可操作性。

（3）项目时间和地点

不同的季节与天气适合举办不同类型的运动休闲项目，合理的时间安排是项目成功的关键。日期的选择一般较为灵活，策划人员首先要将日期和时间确定下来，以便做具体的时间安排，并将其列入组织计划中。最好避开重大节日，也不要与人们普遍关注的社会重大项目相重叠。项目的地点选取，可根据项目的预算、内容性质和规模大小，考虑优质舒适的项目范围。好的场地是项目成功的一半。策划人员在选择项目地点时必须考虑公众分布情况、项目性质、项目经费以及可行性等诸多因素。

（4）人员安排

人员包括项目主办、协办、承办、赞助等方面的相关机构和工作人员。要将具体日程安排通知参加者，包括设计日程计划表、明确起止日期、明确每一天的项目。除节日内容和日期的安排外，许多时候同时也进行公众宣传方面的日程安排。

（5）物资准备

后勤保障条件是项目成功的关键。任何项目的组织者，都把后勤保障工作作为大事来抓，并设专门的机构来保证供给的畅通，它包括饮食、住宿、交通、通信、医疗卫生条件等。

（6）费用预算

无论举办什么项目，都要考虑成本，操作设计必须包括比较准确的财务预算。策划人员应计划如何用有限的资金支付各项费用，估计可能需要的各种支出，并准备呈报上级批准。政府拨款，单位自筹，社会赞助，项目获利，商业性集资，每一种来源方式都应当有其特有的程序和步骤。在项目中要把握好经费的四个环节：项目前预计经费；项目前实到经费；项目中实际使用的经费；实到经费与实际使用经费之间的差额，以及解决的办法。经费直接关系到项目的规模和质量，要计算好项目成本和各项费用支出，让有限的资金发挥最大的作用。

（7）广告配合方式

为了达到持续宣传效果，将项目分为前期媒体预热和正式项目两个部分。前期项目的重点是调动媒体造势，使消费者对即将推出的运动休闲项目有强烈的期待心理；正式项目是通过媒体的宣传，使运动休闲项目成为人们议论的热点话题和争相参与的对象。广告对运动休闲项目的传播是否有效，取决于广告表达是否准确，投放量是否足够，确保项目定位深入人心。另外，还应该注意到项目本身可吸引公众与媒体的参与。运动休闲项目具有广泛的社会传播性，其作用像一个大众传播媒介，一旦这个项目开展起来，就能产生良好的传播效果。

（8）方案培训和试验

创意很好，但由于缺乏操作设计，在操作过程中容易出现问题，违背原创精神或者无法达到原创水平。所以在原则方案确定以后，还要进一步进行操作设计，实施操作程序的管理，重要的是设计出操作的规范程序。在运动休闲项目中，特别是大型项目，假如参与的工作人员不了解全局的策划意图，他们就不能为大型项目策略实施提供建设性的劳动，因而需要对工作人员进行沟通、方案培训。

2. 项目落实

项目落实阶段，也就是项目的实施阶段，在这一阶段所需要注意的问题是项目纪律、执行力和现场控制。

（1）项目纪律

纪律是战斗力的保证，是方案得到完美执行的先决条件，在方案中应对参与项目人员各方面纪律作出细致的规定，发挥团队作战优势，团结一致，齐心协力方能做好工作。

（2）执行力

要有较强的执行能力。所有的项目安排和物料准备要紧扣项目主题，总负责人要清楚项目的每个环节，了解各方面的进度，及时发现和解决项目现场出现的新问题。要对参与项目的工作人员进行充分的培训，把项目的目的和主旨传达到每个人，充分调动每位员工的积极性和主人翁责任感。

（3）现场控制

主要是把各个环节安排清楚，要做到忙而不乱、有条有理。有些项目一旦失误就无法弥补了。所以，运动休闲项目的策划与实施要有严密的操作性，要注意项目实施的细节，注重项目实施过程的安全性。中期操作主要是考虑到每一个细节，并对关键细节、关键节点做出特别规定，以引起策划执行的重视。成功策划一个令人难忘的项目的关键就是细节。而项目现场的应变控制和危机处理是项目组织者必须具备的素质。居安思危、防患于未然，是项目策划应有的思想准备。进行项目策划要注意多变因素对项目的影响，如天气情况、安全情况等。项目现场是策划实施的核心地带，必须给予重视。危险预防与处理的基本内容：危机小组编组、处理程序、医疗机构联系、人员急救训练与平时演练、简易医疗器材准备。

（三）运动休闲项目的评估和反馈

每个项目都需进行一番很好的评估总结，才能提升项目的品质和效果。评估总结的目的，就是总结成功之处，借鉴不足和教训，为后继项目规避风险，获取更大的成功。

1. 后期延续延伸性有两个方面

第一，单一项目策划的延续宣传性。

第二，保持整体项目风格上的统一。很多项目在策划时都忽略了项目宣传延伸性的问题，项目宣传随着项目的结束而结束。项目的宣传不同于其他宣传方式，项目的持续时间比较短，而人们的记忆又具有一定的遗忘周期性，如何让项目的宣传效果达到最理想的效果，延伸性是必须考虑的一个重要因素。

2. 项目评估

项目的结束并不代表整体过程的完结，科学的效果监测与数据支持是促使下一阶段项目更加完善的重要支持，如现场效果的拍摄、客户到访量的统计以及后期媒体跟进的情况等。在项目之后这些效果的分析将成为项目成效的一个非常有力的检测，同时为下一次项目找出问题点，从而有目的地制造机会点。项目评估的内容包括：项目成效的评估、参与者满足感的评估、达到既定目标的评估、项目质量的评估、领导统御的评估、设备运用评估。

项目结束后，要对整个项目进行评价，看策划是否成功，效果是否理想。评估主要从是否提高了主办者所在地区和企业的知名度，主办者及承办者的投入、支出、利润是多少，对当地经济是否起到了促进作用等方面展开。此外，对环境的影响也要进行评价。

3. 项目善后

作为计划过程的一部分，制订一个结束该项目的计划是有必要的。这一计划将涉及一个时间表的制定和任务的权责分配，这些任务包括拆掉和运走场地建筑以及收集设备等。

三、计划书编写

一次完整的运动休闲项目开展是一个系统工程。在实现目标的途径中，主题是整个策划的灵魂，内容是血肉，形式是骨架。一份有说服力和操作性强的计划书才能确保项目得以完美的执行，有效达成策划目的。而执行成功，最能直接和根本地反映策划方案的可操作性。

（一）计划书的定义

所谓运动休闲项目计划，就是根据掌握的各种信息，对即将举办项目的有关事宜进行初步规划，设计出运动休闲项目的基本框架，提出计划举办的运动休闲项目的初步规划内容，主要包括：项目名称和地点、举办机构、举办时间、项目规模、项目定位、宣传推广和招商计划、项目进度计划、现场管理计划和相关项目计划等。

运动休闲项目计划书是为举办一个新运动休闲项目而提出的一套整体规划、策略和方法。运动休闲项目立项计划书主要包括以下内容：

第一，市场环境分析：包括对国家有关法律、政策的分析，对相关运动休闲项目的情况的分析，对运动休闲项目举办地的分析等。

第二，提出运动休闲项目的基本框架：包括运动休闲项目的名称和举办地点、举办机构的组成、举办时间、举办频率、运动休闲项目规模和运动休闲项目定位等。

第三，运动休闲项目花费及初步预算方案。

第四，运动休闲项目工作人员分工计划。

第五，运动休闲项目宣传推广计划。

第六，运动休闲项目筹备进度计划。

第七，运动休闲项目现场管理计划。

第八，运动休闲项目期间举办的相关项目计划。

第九，运动休闲项目结算计划。

（二）项目策划六要素

项目策划是指人们对有一定目的的行动，借助一定的科学方法和艺术，为决策、计划而构思、设计、制作策划方案的过程。项目策划是一项整体性、系统性、计划性很强的工作。一个成功的项目策划必须把握以下几个基本要素：

1. 项目目标

项目是有一定目的的行动。什么样的目的决定什么样的项目。从某种意义上说，目标就是项目策划的"大是大非"问题，必须在确定方案前把握好大方向、树好旗帜，只有明确目标，执行起来才更加明晰。项目目的不仅要明确，还要可行、可量化，才能使项目策划做到有的放矢。

2. 市场项目

策划在确定主题之前，必须清楚了解市场项目的相关情况及竞争品牌的项目方式，分析竞争对手和目标消费人群，提出准确定位，对市场现状和项目目的进行阐述。项目针对的是目标市场的每一个人还是某一特定群体？项目控制范围多大？哪些人是主要目标，哪些人是次要目标？这些选择的正确与否会直接影响最终效果。

3. 主题

包括该次项目的主要目的、中心任务和意义。这一部分是对项目内容的高度概括，是整个策划的灵魂。要让广大公众接受，就必须选好主题，解决好两个问题：确定项目主题和包装项目主题。主题的确定体现在以下两个方面：

第一，项目的关联度要紧密。

第二，在风格上要保持统一，且要以独特性区别于其他同类项目。在一次项目中，不能做所有的事情，只有把当前最值得推广的一个主题，而且也只能是一个主题传达给目标消费群体，所谓"有所为，有所不为"。

4. 名称

项目名称至关重要，一定要具有绝对吸引力，避免落入俗套。"人无我有，人有我新，人新我变"是创新的表现。而真正的创新，还必须具有首创性和独创性。英特尔前总裁罗夫曾说：整个世界将会展开争夺"眼球"的战役，谁能吸引更多的注意力，谁就能成为 21 世纪的主宰。项目策划一定要敢于做别人没有做过的事情，"敢为天下先"，这样才能吸引目标消费者的注意力和兴趣，引起社会反响，达到有效传达的目的。

5. 流程安排

流程安排是指按照日程顺序和人员分工来安排项目的分项目。项目流程是对项目策划方案的直接体现，是项目实施的纲领。流程要吸引参与者又要有利于主办方承办，关键是具体且有特色，尽量符合参与者的期望值。项目行程是整个流程中参与者最感兴趣也是主办方最关注的部分，要制造亮点、突出重点，语言要简练生动、表述清晰。

6. 文本是项目成功的保障

策划文本必须做到详细周密，以便更好地指导项目的顺利执行。完整的策划方案包括项目概述、项目主办方和参与者的情况、具体流程、场地布置、项目费用、执行分配和备注事项等几个主要方面，即"5W2H 法"：

为何（Why）——为什么要如此做？

何事（What）——做什么？准备什么？

何处（Where）——在何处着手进行最好？

何时（When）——什么时候开始？什么时候完成？

何人（Who）——谁去做？

如何（How）——如何做？

何价（How much）——成本如何？达到怎样的效果？

"5W2H 法"包含了项目从战略（Who、Why）到策略（What、When、Where）直至战术（How）的完整运作系统，再加上另一个 H——How much（多少）即项目预算，完美实现项目目标。完整的可执行的项目策划方案必须具备 What、When、Where、Who 及 How 五大要素。方案的其他内容都应围绕这五大要素展开，这样才能明确地将项目表述完整。

(三)计划书详细条目

1. 项目名称

运动休闲项目的名称包括三个方面,即基本部分、限定部分和行业标志。如"2019棋盘山新年登高活动项目",如果按上述三个内容对号入座,则基本部分是"项目",限定部分是"2019"和"棋盘山新年",行业标志是"运动休闲活动"。下面分别对这三个内容加以说明:

(1)基本部分

用以表明运动休闲项目的性质和特征,常用词有大型项目、比赛、节等。

(2)限定部分

用于说明运动休闲项目的时间、地点和运动休闲项目的性质。运动休闲项目举办时间的表示方法有两种:第一,用"年"表示;第二,用"届"表示。如第三届潍坊风筝会等。在这两种表达方式里,用"届"表示最常见,它强调运动休闲项目举办的连续性。那些刚举办的大型项目一般用"年"表示。运动休闲项目举办的地点在运动休闲项目的名称里也要有所体现,如第三届潍坊风筝会中的"潍坊"。

(3)运动休闲项目的主题

用以表明项目的主题。如2019棋盘山新年登高活动项目中的"登高"表明是运动休闲方向的项目。

2. 项目地点

策划选择运动休闲项目的举办地点,就是运动休闲项目在什么地方举办,要根据运动休闲项目的题材和运动休闲项目定位而定。在具体选择地点时,还要综合考虑使用该地点的成本,时间安排是否符合自己的要求,以及项目地点的运动休闲服务情况等。

3. 举办机构

运动休闲项目举办机构就是项目的筹备、组织、策划和实施的委员会。根据各单位在举办运动休闲项目中的不同作用,一个运动休闲项目的举办机构一般有以下几种:

（1）主办单位

拥有运动休闲项目并对运动休闲项目承担主要法律责任的举办单位。主办单位在法律上拥有运动休闲项目的所有权。

（2）承办单位

直接负责运动休闲项目的策划、组织、操作与管理，并对运动休闲项目承担主要财务责任的举办单位。

（3）协办单位

协助主办或承办单位负责大型项目的策划、组织、操作与管理，部分承担大型项目的招标和宣传推广工作的举办单位。

（4）支持单位

对运动休闲项目主办或承办单位的运动休闲项目策划、组织、操作与管理，或是对招商和宣传推广等工作起支持作用的举办单位。

4. 举办时间

举办时间是指运动休闲项目计划在什么时间举办。举办时间有三个方面的含义：

第一，举办大型项目的具体开展日期。

第二，运动休闲项目的筹备日期。

第三，运动休闲项目对观众开放的日期。

5. 举办频率

举办频率是指运动休闲项目一年举办几次还是几年举办一次，或者是不定期举行。从目前的实际情况看，一年举办一次的运动休闲项目最多，约占全部运动休闲项目数量的80%，一年举办两次和两年举办一次的运动休闲项目也不少，不定期举办的运动休闲项目目前已经是越来越少了。

6. 规模

主要指参与运动休闲项目的观众有多少。在策划举办运动休闲项目时，运动休闲项目规模的大小受到观众数量和质量的限制。

7. 项目定位

运动休闲项目定位指要清晰的告诉观众，本运动休闲项目"是什么"和"有什么"。具体来讲，运动休闲项目定位就是举办机构根据自身的资源条件和市场竞争状况，通过建立和发展运动休闲项目的差异化竞争优势，使自己举办的运动休闲项目在观众心目中形成一个鲜明而独特印象的过程。运动休闲项目的定位要明确运动休闲项目的目标观众、举办目标、举办项目的主题等。

8. 项目价格和初步预算

运动休闲项目初步预算是对举办运动休闲项目所需要的各种费用和举办运动休闲项目预期获得收入进行初步预算。运动休闲项目中有许多不确定因素，需要在情况变化时对费用的支出做出相应调整。费用预算包括场地租用、购置器材设备、日常行政费用、劳务报酬以及公关项目费用等。

9. 人员分工、招商和宣传推广计划

人员分工、招商和宣传推广计划是运动休闲项目的具体实施计划，这三个计划在具体实施时会相互影响。人员分工计划是对运动休闲项目工作人员的工作进行统筹安排。招商计划主要是为了招揽观众参观运动休闲项目而制定的各种策略、措施和办法。宣传推广计划则是为建立运动休闲项目品牌和树立运动休闲项目形象，制订的计划。

10. 项目进度计划、现场管理计划和相关项目计划

运动休闲项目进度计划是在时间上对运动休闲项目的招商、宣传推广等工作进行的统筹安排。它明确在运动休闲项目的筹办过程中，到什么阶段就应该完成哪些工作，直到运动休闲项目成功举办。运动休闲项目进度计划安排得好，运动休闲项目筹备的各项准备工作就能有条不紊地进行。现场管理计划是运动休闲项目开幕后对运动休闲项目现场进行有效管理的各种计划安排，一般包括运动休闲项目开幕计划、运动休闲项目观众登记计划等。现场管理计划安排得好，运动休闲项目现场将井然有序，运动休闲项目秩序良好。运动休闲项目相关项目计划是对在运动休闲项目同期举办地的各种相关项目作出的计划安排。与运动休闲项目同期举办地的有关项目最常见的有技术交流会、研讨会和各种表演等，它们是运动休闲项目的有益补充。

（四）项目计划书的撰写

项目计划文本有固定的基本框架，本策划书提供基本参考方面，小型计划书

可以直接填充；大型计划书可以不拘泥于表格，自行设计。一个大型计划书，可以由若干子计划书构成，力求内容详尽。

1. 项目计划书内容

计划文本必须做到详细周密，以便更好地指导项目的有力执行以及主题的完美体现。完整的策划方案包括项目概述、项目主办方和参与者情况、具体流程、场地布置、项目费用、执行分配和备注事项等几个方面：

（1）标题

标题即策划书名称，尽可能具体地写出策划名称，如"××年××月××单位××项目策划"，置于页面中央。更多的时候是以主题口号为正标题，将具体名称作为副标题写在下面。

（2）框架目标

框架目标即项目需要达到的最终目标和最终效果，包括项目背景，项目目的、意义和目标。

①项目背景

项目背景在以下项目中选取内容重点阐述；基本情况简介、主要执行对象、近期状况、组织部门、项目开展原因、社会影响、相关目的动机。应说明问题的环境特征，将内容重点放在环境分析的各项因素上，主要考虑环境的内在优势、弱点、机会及威胁等因素，对其做好全面的分析（SWOT分析）。如果环境不明，则应通过调查研究等方式进行分析并加以补充。

②项目目的、意义和目标

用简洁明了的语言将目的要点表述清楚；项目目标要具体化，并满足重要性、可行性、时效性。在陈述目的要点时，该项目的核心构成或策划的独到之处及由此产生的意义（经济效益、社会利益、媒体效应等）都应该明确写出。

（3）框架元素

框架元素，即项目时间、项目地点、项目面向对象、项目主题、项目总体预案、项目总体流程图。后两项在做系列化项目时必须书写。

①项目对象

项目对象指向明确的项目应罗列主要的参与者姓名，包括嘉宾等。

②项目时间、地点

不同的季节与天气适合举办不同类型的运动休闲项目；可根据项目预算、内容性质和规模大小，考虑优质舒适的项目范围。

③项目总体流程或称为策划进度表

项目从开始到结束的每一个进程，包括项目前期准备，项目的主要内容及具体安排，项目的反馈与评估。人员的组织配置、项目对象、相应权责及执行的应变程序也应在这部分加以说明。作为策划的正文部分，表现方式要简洁明了，可适当加入统计图标等使人一目了然、容易理解，但表述方面要力求详尽，没有遗漏。其工作分解包括内容流程图、分工、详细预案、时间推进表四个部分。

内容流程图：是用直观的图表解释项目的总体方案和流程策划的各工作项目，应按照时间的先后顺序排列，绘制实施时间表有助于方案核查。

分工：列出详细的分工表。各项细化任务的要求以及负责人都需写明。并写出各项任务需要完成的时间。还要确定应急小组，由专人负责，专门负责组织协调处理各种紧急突发事件。

详细预案：要将每个小细节都要考虑在内，还要针对可能发生的突发事件做好预案。内外环境的变化，不可避免地会给方案的执行带来一些不确定性因素。因此，当环境变化时是否有应变措施，损失的概率是多少，造成的损失多大，应急措施等也应在策划中加以说明。

时间推进表：详细直观的表格形式的时间推进方案，明确何时由何人做何项工作。

2. 项目预算

（1）周密调查市场价格

确定每项开支的数目及方式等各项费用，再根据实际情况进行具体、周密的计算，用清晰明了的形式列出。详细列出所需人力资源、物力资源，可分为已有资源和所需要资源两部分，并列出主要的商业赞助及赞助单位。

（2）文案写作技巧

方案必须要做到文字、格式统一规范。整齐正规的版面使方案条理清晰，因为专业，所以值得信赖。文案撰写需要一定技巧，如文字简明扼要，逻辑性强，顺序合理，主题鲜明，运用图表、照片、模型来增强策划的整体效果，具有可操作性。对策划书的包装，可以专门制作封页。封面包括策划组办单位、策划组人员、日期、编号，力求简单、美观。页面可用设计的徽标作页眉，内容图文并茂。策划书需从纸张的长边装订，如有附件可以附于策划书后面，也可单独装订。

（3）项目策划书的执行

完成策划书的编写后，应制定相应的实施细则，以保证策划方案的有效实施，并最终确保运动休闲项目的顺利进行。

①监督保证措施

科学的管理应从上到下各个环节环环相扣，责、权、利明确。只有全面地监督才能使各个环节少出错误，保证策划项目的顺利开展。

②防范措施

事物在其发展过程中有许多不确定的因素，只有根据经验或成功案例进行全面预测，发现隐患，防微杜渐，才能把损失控制在最小限度内，从而推动运动休闲策划项目的开展。

③评估措施

运动休闲项目策划项目的实施必须有一定的评估手段和效果反馈机制，及时发现问题，对初期的策划方案进行相应的改进以实现策划的目标。

第三节　运动休闲项目的组织与实施

一、组织机构与运动休闲服务体系

运动休闲行业作为运动休闲服务业的一个重要组成部分，有着自身的发展规律和运行规则，需要有专业化知识和技能的人员。运动休闲项目组织的建立对于运动休闲项目开展具有重要的影响，没有运动休闲组织的存在就无法完成策划，策划的实施必然要通过组织去承担和完成。

（一）运动休闲项目组织的类型

建立组织是处于制订计划和实施计划之间的一项任务，组织能够指导资源的使用，指明完成下级目标的责任。建立组织是一个创造组织结构的过程，可将运动休闲项目组织的管理类型分为以下几种：

1. 简单机构

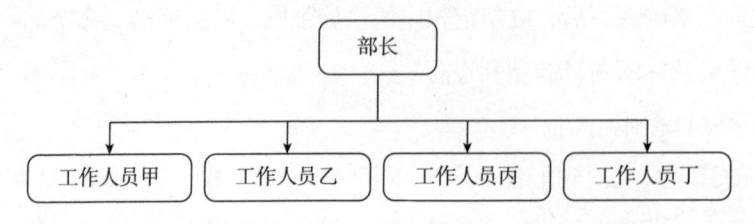

见图 10-3-1。

图 10-3-1 运动休闲项目接待部门简单型组织结构图

2. 职能机构

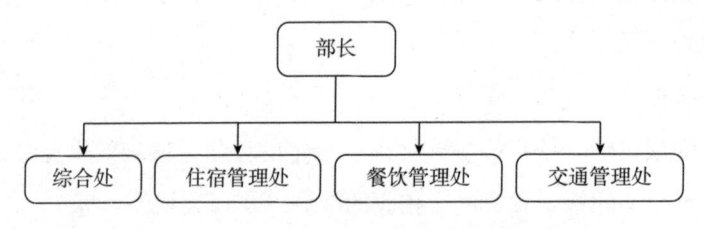

见图 10-3-2。

图 10-3-2 运动休闲项目接待部门职能型组织结构

（二）运动休闲项目组织的应用

从组织类型上看，不同类型组织既存在着优势，又存在着劣势。对于各种组织类型来说，处理缺乏理解和解决冲突的有效方法就是进行协调，成立专门负责协调的部门或者指派个人都是管理的一部分。因此，运动休闲项目的管理者在表现上可以是组织机构中的个人管理者，也可以由专门成立的部门来负责。

由于运动休闲项目的各种任务之间表现为一种先后顺序和重要程度差异，对于运动休闲组织机构的建立，应该考虑任务的顺序和重要程度，运动休闲组织部门的设立也有先后顺序。

（三）运动休闲项目的实施

运动休闲实施是对运动休闲任务的承担和完成，是运动休闲项目开展中最重要的部分，直接决定运动休闲项目的质量和水平。组织结构完成后就要开始作业任务的实施，人力资源任务的进行在计划阶段就要开始，财政预算也随着组织机构类型不同而有不同的选择，网络机构型预算在赛事开始之前就已经完成，而职能型的财政预算任务的工作会一直贯穿项目的始终。

管理者必须确定运动休闲项目的主要任务，整个运动休闲项目的任务清单是监视和控制的基本，这是一项费力的和精确的任务，而且需要具备全面的专业知识去精确完成。依据运动休闲管理者的指导，任命个人或下级委员会负责特定的领域，下级委员会或个人应该制订下级委员会任务清单和行动计划，以应付具体领域的作业任务。按照项目管理理论，每一项任务要被仔细计划还要有明确的时间安排，如寻找赞助、与场地管理者谈判、组织庆祝项目、开闭幕式表演、公共关系处理和运动队注册的任务都需要明确和具体的时间限定。

领导和控制是重要的管理职能，在实施过程中，要特别注意领导和控制手段的运用，运动休闲报告、会议和表现方式不同的指令，是有效的领导和控制手段，以确保项目按计划进行或根据变化而作出调整。

三、运动休闲项目现场管理

活动组织和接待服务是关于运动休闲项目成败的两个传统核心标志。为做好运动休闲项目的现场管理，保障运动休闲项目的成功实施，项目的管理机构必须紧紧围绕活动组织和接待服务开展各项管理工作。

（一）运动休闲项目活动组织的现场管理

1. 人流组织管理

人流是指运动休闲活动区域或场所内的参与者，由流向、流量和流速三个要素组成。人流通常是由自然形成的，但由于地域、交通、场所内布局的影响也有一定的规律。运动休闲活动中人流的空间分布具有空间分布的不均衡性、不稳定性、短时聚集性、出口为拥堵人流形成的最主要区域等几个明显的特性。在运动休闲活动中对人流进行有效的组织管理，不仅可以帮助参加者更好实现休闲活动的目的，对活动区域内的自然环境、设施、设备的合理利用及维护发挥非常积极的作用，而且也是实现公共安全的有力保证。在休闲活动中对人流的组织管理需要通过一定的方法和途径来实现，现实活动中主要有以下几种有效的方式：

（1）活动现场的布局

对有条件进行活动场地重新设计布局的现场，可以根据预期人流规模的大小选择封闭式或开放式设计；对活动空间的内部布局应充分考虑自然地形的有效利用、间隔距离的科学规划，以及出入口数量及位置的合理安排，以使参加人流受控于现场布局，有利于组织者对人流的控制管理；在指示不明确、人流易盲目活动的地方可布置问询台或咨询中心，人为地指导人流的流动。

（2）活动内容的安排

在运动休闲活动的内容安排上也应尽量考虑人流流动的合理性，将同一内容的活动现场按一定顺序集中安排，并尽量安排在同一方向，以使人流能有序流动；活动的精彩环节或重点内容均匀分布，避免过于集中，以保持人流分布的相对均衡；在分叉或交叉路口有目的地安排有暗示作用的内容，以引导大部分人流朝组织者希望的方向分流；在进出口区域少设置活动内容且尽量不设置精彩内容，以避免人流在该区域停滞造成堵塞。

（3）指示工具的运用

运用有指示作用的工具对人流的流向加以指导，是现代运动休闲活动现场管理最常用的方式之一。活动现场常用的指示标志的有：场地示意图、路标、彩道及绳索等，这些标志的运用帮助组织者对人流进行有效的引导，使人流的空间分布更合理。在现代展会活动中，指示标志的重要性已被企业界普遍重视，合理的标志设计对提高活动的服务水准及整体活动气氛的营造都有相当重要的辅助作用。在运动休闲活动中，实现对人流的有效控制及管理要有一个重要的前提条件，就是必须实现对活动现场人流的总量控制。只有保证活动场所的合理承载力，才能保证现场人流活动的安全性和舒适性。

2. 设施、设备管理

运动休闲活动设施、设备管理是指以最佳服务质量和经济效益为最终目标，以最经济的设施和设备寿命周期费用以及最高设施设备综合效能为直接目标，运用现代科技和管理方法，通过计划、组织、指挥、协调、控制等环节，对设施、设备系统进行综合管理的行为。社会性运动休闲活动的开展过程中通常会使用不少公共设施或设备，这些设施或设备涉及的种类非常广泛，根据运动休闲活动开展的频率，可以将运动休闲活动设施、设备分为以下两类：

（1）固定性设施、设备

这类设施、设备通常安装在固定位置，为人们的日常运动休闲活动所使用，属于常设性设施或设备，包括风景区、各类公园、城市绿化区、步行运动休闲区等社会性公共设施，以及与这些设施相配套的供水、供电、消防等技术性公共设施或设备。

（2）临时性设施、设备

这类设施、设备通常是为特殊的运动休闲活动临时性搭建为其提供服务的，并非常设的社会公共设施，临时性运动休闲活动结束之后通常会将这些设施、设备撤出活动现场，如举办运动会及开幕式使用的设施、设备、举办户外运动休闲使用的设施、设备、展会的展台、临时性游乐设施等。针对运动休闲设施、设备的管理，一方面需要保证所有设备正常运转和制订科学的设备保养计划和维修制度；另一方面要对设施、设备进行更新改造和安全管理。

设施设备的日常管理包括以下两方面：

（1）固定性设施、设备的日常管理

固定性运动休闲设施、设备的日常管理应遵循社会公共设施管理的一般原则和方法。

①按属地原则确定社会公共设施、设备的行政归属

由公共设施、设备所在地的相关行政部门负责对设施、设备管理工作的监督，实行统一领导、分级管理，且谁主管谁负责，把社会公共设施管理和维护的相关工作落到实处。

②在确定具体管理责任时，可依照"谁建设、谁管理、谁受益"的原则

通过这种方式使对社会公共设施的权利和责任统一到同一主体上，责权一致，更有利于激发管理者的积极性和主动性，对社会公共设施的管理也更加有效。

③在管理方法上强调"多维护、少维修"

固定性设施、设备的使用频率高，使用群体复杂，使用者的专业技术不强，

诸多因素都使得设施、设备的日常损耗增大，甚至可能缩短设施、设备的使用期限。但社会公共设施、设备的正常使用是人们运动休闲活动得以健康开展的重要保障，因此，管理者应加强对设施、设备的日常维护保养，确保设施、设备的正常安全使用，尽可能避免因对设施、设备的重大维修而给人们的运动休闲活动造成的严重影响。同时，通过日常维护保养工作的开展，延长设施、设备的使用寿命，降低社会活动成本。

（2）临时性设施、设备的现场管理

临时性设施、设备通常是为较大型社会运动休闲活动的举办而专门安装的，且设施、设备的正常运转对确保活动的成功举办有极其重要的作用。因此，保证临时性设施、设备在活动进行中的正常使用是其管理的核心和重点。

要有专人专管，对重要的临时性设施或设备要实行"一对一"的专人负责制，即在活动进行期间，该设施、设备一切使用都由责任人负责，设施、设备的一切问题都由责任人承担。

安全第一，不对设施、设备进行破坏性使用，确保设施、设备运行期间的安全性，坚决杜绝因设施、设备的不当使用而给人群带来人身或财产损失。

做好第二手准备，对于对活动效果影响巨大的设施或设备，如有条件应准备备用设备，在因意外致使原设施、设备不能正常工作时，以备用设备代替，确保活动的正常进行。

（二）运动休闲项目接待服务的现场管理

运动休闲项目的接待服务工作指为参加、参与运动休闲活动的各类相关人员提供住宿、餐饮、交通一系列服务的集合。工作内容主要涉及住宿服务、餐饮服务、迎送服务和交通服务四大部分。作为运动休闲项目现场管理的重要内容和运动休闲项目后勤保障系统的重要组成部分之一，运动休闲项目的接待服务工作贯穿于运动休闲保障工作的全过程，是运动休闲管理机构必须承担的核心职责之一。它具有五个方面的特点：

第一，接待服务工作中存在许多量化指标，其优劣将会很清楚地显现出来。

第二，接待服务工作的直接对象是人。

第三，接待服务对象数量多，并且通常是同时到达和同时离开。

第四，因活动因素产生的不满情绪或者矛盾，也将使运动休闲项目接待工作承受不同于其他活动的压力。

第五，如果得到媒体的关注，运动休闲项目的接待服务往往是其中的关注重点之一。

1. 运动休闲接待工作的主要内容

（1）住宿服务

住宿方面需要考虑的因素主要是接待对象的承受能力，主要内容包括以下六个方面：

第一，确定需要提供住宿宾馆的对象类别。

第二，结合各类接待对象的数量、规格、抵离时间确定接待宾馆。

第三，依照接待对象对住宿时间、地点、竞赛项目的需求分配接待宾馆。

第四，编制接待宾馆的服务标准，包括《宾馆接待工作规范》《客房卫生设备达标方案》《宾馆设施使用规定》《服务人员着装、行为、语言行为规范》《消防安全工作方案》《24小时值班经理制度》等下发到各接待宾馆。

第五，组织开展对宾馆相关人员的培训工作。

第六，对各接待宾馆进行周边环境布置等。

（2）餐饮服务

提供优质餐饮服务的首要前提是了解各类接待对象的餐饮需求，即确定各类接待对象的用餐类别、用餐时间及饮食习惯。用餐类别包括固定用餐和非固定用餐。固定用餐又分为宾馆接待用餐点和场馆固定用餐点等形式。非固定用餐大都是因为特殊工作原因而需要接待部门向接待对象提供的餐饮服务方式，如向竞赛裁判员、记者提供的场地用餐。此类用餐服务的关键是餐饮的及时供应及卫生标准。非固定用餐包括快餐、食品及饮品。用餐时间也需要根据不同接待对象加以区别，比如安排记者的餐饮时，需要注意记者的工作时间很长，只要新闻中心还没有关门，记者驻地就应继续提供饮食服务，而运动员用餐时间则应和竞赛安排结合起来。饮食习惯则与接待对象的民族、宗教、区域、个人喜好等等诸多因素相关，应事先对接待对象的饮食习惯进行征询，要注意不同接待对象的饮食禁忌。

在全面了解接待对象饮食需求的基础上，选择餐饮供应商。餐饮供应商的选择方式需根据活动的实际情况而定：较小规模的活动可采用询价、报价、洽谈、比较的方式来确定餐饮提供商；大规模的活动则有必要采用公开招标的方式进行餐饮供应商的选择。

（3）迎送服务

要求制定详细的迎送工作方案，方案的内容一般包括迎送对象、抵离时间、站点设置、迎送团队、交通保障、迎送路线、迎接与欢送的要求等。迎送服务成功的首要前提是信息的准确，必须准确掌握来宾乘坐飞机、火车、船舶等抵离时间、地点、车次、班次、人数等信息，有不详情况要提前通过电话、传真等途径核实清楚，及早通知全体迎送人员和有关单位；如有变化应及时通知。迎接人员应在飞机、火车、船舶等抵达前到达机场、车站和码头。送行则应在客人登机之前抵达，离去时如有欢送仪式，则应在仪式开始之前到达。如客人乘坐班机离开，应通知其按航空公司并按规定时间抵达机场办理有关手续，重要客人可由接待人员提前前往代办手续。迎送服务工作中有几项具体事务：迎送重要客人，事先在机场、车站、码头安排贵宾休息室，准备饮料；如安排献花，须用鲜花，并注意保持花束整洁、鲜艳；客人与迎接人员见面时，互相介绍。通常先将前来欢迎的人员介绍给来宾，可由接待工作人员介绍，也可以由欢迎人员中最重要人物介绍。客人初到一般较拘谨，主人宜主动与客人寒暄；安排汽车，预订住房。如有条件，在客人到达之前将住房和乘车号码通知客人。如果做不到，可以先印好住房、乘车表，或制作好卡片，在客人刚到达时及时发至每个人手中，或通过对方的联络人员转达。这既可避免混乱，又可以使客人心中有数，主动配合；指派专人协助办理入出境手续及机票（车、船票）和行李提取或托运手续等事宜。

（4）交通服务

是指为接待对象提供交通便利，主要包括两方面的工作，一是活动期间各类接待对象的用车需求；另一是各类接待对象的中转票务需求。规模较小的活动一般将交通管理的职能归属于接待部门，而大型活动由于交通服务涉及与城市交通管理部门及铁路、航空等部门的大量协调工作，常常在赛事运作管理机构中设立独立的交通管理部门。交通服务的工作包括：

第一，制订交通服务运作计划。

第二，组织开展赛事运作管理机构用车征集工作。

第三，借调或招募驾驶员，制定《驾驶员工作服务手册》，开展驾驶员培训工作。

第四，依据接待对象类别分配工作用车、服务用车。

第五，制定用车的相关规定及车辆运行路线。

第六，制定中转票务工作方案，协同铁路、航空部门落实各类接待对象的中转票务。

2. 运动休闲项目接待服务工作的一般步骤

首先，了解接待对象的期望的服务，对接待服务的整体工作量进行估计，同时要"摸清家底"，即项目管理机构所拥有的可用于接待服务的所有资源。

其次，条件允许下尽可能满足甚至超过接待对象的期望；条件不允许的情况下，要与接待对象及早沟通，使其期望值调整。

再次，在赛事筹办过程中，对接待对象需求的变化及时作出反应，对接待工作中出现的问题快速疏导、解决。

最后，活动结束后，要对接待服务情况进行评估，总结经验或教训。

第四节　运动休闲项目的评估

运动休闲评价是指对过程实施仔细观察、测量和监视，以便正确评估结果的过程。运动休闲评价可以提供运动休闲的基本轮廓和重要的统计结果，为运动休闲项目参与体提供反馈，提高运动休闲服务质量，在运动休闲管理过程中扮演一个重要的角色。可以通过新闻媒体的报道，宣传项目所取得的成效，推广项目，为未来可能再出现的重复项目在计划和寻求赞助上打下良好的基础。运动休闲评价是管理循环过程中的一个环节，根据管理项目过程，评价可以分为项目前评价、运动休闲实施期间评价、运动休闲项目后评价。可行性研究要明确运动休闲项目的可能的成本和效果。运动休闲管理过程是一个循环，从项目策划到计划的执行，然后评估，评估之后根据结果修订项目计划。其中，项目计划的制订以目的为基础，项目的评估以惯常、反馈和调查为基础。在这个循环中输入和分析一个项目数据，以进行更为广泛的决策，作出更为高效的计划，提高项目效果。

一、运动休闲评估的目的

通过项目的实践进行总结与评估，检查项目的预期目标是否达到，策划与管理是否有效，以提高项目组织者的能力和水平。

通过调查和分析有效地反馈信息，确定观众是否满意，项目的主要效益指标是否达到，以增强项目利益相关者的投资信心。

通过对项目的目的、实施过程、效益、作用和影响进行全面系统的分析，从正反两方面总结各种经验和教训，找出失败原因，为新项目的策划和管理提供决策和管理依据。

通过评估为编写项目总结报告提供数据依据和翔实资料，作为重要信息反馈给利益相关者，提高项目的形象，为塑造品牌项目提供支持。

二、运动休闲评估的主体

（一）项目主办方

项目主办方是项目的主要投入者，他们非常重视项目的评估，通常若主办方为企业，关注的是项目所带来的经济利益。若主办方是政府，其关注的则是项目所带来的社会、文化、环境影响等。

（二）项目组及其成员

项目组及其成员指参加了整个项目的全过程，经历了从策划到管理，对项目的工作最有发言权的成员，他们的自我工作总结本身就是评估的重要组成部分。

（三）专业评估机构

专业评估机构通常由资深的专家组成，凭借丰富的阅历和广泛的知识对项目能够进行专业的评价。专业评估可避免成见或偏见，从而更好地确保评估的客观性和科学性，且专业化程度高，评估结果准确度高，其评估结果大多能对决策机构起到借鉴作用。

（四）观众

观众是项目评价的重要对象，可通过访谈、问卷等方式调查项目现场的观众的亲身感受，以获取有利于制定产品策略、运动休闲营销策略，改进经营管理的一手资料。

（五）赞助商

赞助商通过对观众的调查，了解此次赞助后，其公司名字的认知度在目标顾客群中有无提高，提高了多少；企业的形象有无提升，提升了多少。通过相关数据的收集，还可了解产品的销售量有无增加，增加了多少。

三、运动休闲评估的阶段

（一）事前评估

对一个运动休闲项目的控制因素的评估发生在研究和计划阶段，以便确定项目可能需要的资源水平，并据此判断是否继续进行这一项目。这种研究涉及对观众可能做出的反应进行市场研究，对出席人数、费用和效益进行研究和预测。这种研究的结果就是建立目标或基准，根据它来衡量计划是否成功。

（二）监控评估

运动休闲项目监控就是跟踪某一项目在不同执行阶段进展的过程，以调整项目的控制因素。在项目过程中进行观察可能会引起变化，以改善项目的传递。这种监控过程对质量控制非常重要，可为最终评估和未来计划提供宝贵的信息。

（三）事后评估

这是一种最常用的评估，涉及收集项目的统计数据，并分析数据与项目任务、目标的关系。事后评估也可能涉及对项目参与者或观众进行某种形式的问卷或调查，这些调查是为了探索参与者的体验意见，衡量他们对项目的满意程度。调查经常涉及收集有关参与者经济消费的数据，以便把这些花费与项目产生的收入相比较。

四、运动休闲评估方法

（一）观察法

观察法是很容易忽视的技术手段，事实上，在大多数正式的或非正式的研究中，观察都扮演着一个至关重要的角色。观察分参与观察和非参与观察两种，参与的观察员可能被吸收进来去扮演活动顾客的角色并被指导以日记评论的形式记录，非参与的观察员可能是被安排去系统地记录其在活动中观察所得。观察法能记录顾客们在不同活动节目或不同时间内积极参与的程度。有助于活动的管理人员维持好会场的庆祝气氛和顾客积极参与的氛围。

1. 观察法的优点

它是自愿的不会影响其他顾客的快乐，它准确地模仿并记录了顾客参与活动的真实体验，观察员的多样化能保证对活动多种观点的记录，观察员经过培训能够评估重要的内容和因素，观察员能够记录下组织者由于太忙而看不到或忽视的问题，观察评论能丰富其他顾客调查的内容，并形成多方资料的综合。

2. 观察法的不足

观察员必须保持公正客观原则，观察员的价值观会影响观察评论结果，越复杂的活动就需要越多的观察员，有些活动只能从单个点进行观察，预先就要求掌握活动节目、进度表、管理系统、背景等方面的知识。

3. 参与观察须记录的要素

参与观察是有效记录某个活动体验关键要素的一种方法，具体如下：

（1）运动休闲活动策划、管理

主要涉及对活动的第一印象，如对到达、通道、停车、排队、进场等方面的看法。

（2）观看活动和表演

如视线、座位、音响及视听效果。

（3）气氛和激情

参与性、鼓舞性、积极性或活跃性等。

（4）设施及舒适性

厕所、垃圾箱、儿童和残疾人的专用设施。

（5）商品交易

商品质量及供应。

（6）人群拥挤和交通阻塞

人群拥挤和交通阻塞发生的时间、地点及由此引起的不适和冲突。

（7）退场

退场时的问题，行人和车辆的交通流量。

观察法提供了一种从顾客的角度对活动进行评估的有益形式，它能使活动组织者注意到活动体验中的积极和消极因素，并提供一种从活动中吸取教训的方法。这对于定期举办的活动特别有用，因为活动的目标就是不断改善顾客的体验。

（二）问卷调查法

1. 调查问卷

调查问卷的使用范围从面向活动合作者和利益相关者的简单反馈表到专业人员所做的面向观众或到访者的复杂的调查。问卷的等级取决于活动的需要和所拥有的资源。简单的反馈表可以自行设计并使用活动自身的内部资源。它们可能致力于记录并取得量化的基本数据，如活动合作者的支出、利益相关者的观察，以及对活动管理和成果的评价。有学者（Thomas 和 Wood）发现，60%以上的权威机构喜欢使用到访者的回馈和调查这种方式。

调查用来确定可靠的统计信息这些信息关乎观众概况和反应、到访者的访问方式和消费。这种调查可以直接访问参加者或让参加者填写表格，可以是面对面的，例如通过电话或电子邮件。面对面的调查通常会产生较高的回应率，但是一些技巧，如采用有奖竞猜，也可以刺激参与，以提高邮件调查的回应率。进行有效的调查要求有专门的技能和可观的组织资源。对于内部经验和专业技能有限的组织者，可以委托专业人士和部门来完成，委托范围可从调查问卷的设计到调查过程的全面执行。

对于重复性的活动，单独一个设计完好的调查就可以满足活动的基本研究需要。一些活动组织者可能希望每年重复同样的调查，以便连续地比较各届活动并预测其发展趋势或者他们希望从事难度更高的研究计划，以便分析活动的其他方面。不论采用何种调查等级和方法就调查的某些基本方面，应该牢记如下：

（1）目的

清楚地识别调查的目的。目的明确且陈述清楚才可能引导有效的目标、清晰的调查。

（2）调查设计

使其简单化。如果调查的项目太多，就会有有效性降低的危险。问题应该清楚，毫不含糊，在实际调查之前应进行测试。

（3）样本数量

参加者的数量必须足够大，才能提供一个有代表性的参与者样本。样本数量取决于调查的详细程度，要求的精确程度及可用的预算。如果有疑问，可以寻求有关样本数量的专业咨询。

（4）随机性

选择参加者的方法要避免年龄、性别和种族偏见。采用一定的方式，如每次选择过验票闸门的第十个人，有助于随机性。

（5）支持数据

一些成果的计算依赖于支持数据的收集。例如，计算总的到访者消费就要求参加活动人数的精确数据和他们的平均消费额。然后把两者相乘，就可以估算出总的活动到访者消费额。

2. 意向性调查的范例

在计划测评工作时，应首先关注并找出你所要求得到的信息。

例如，报名参加一场自行车比赛的选手应提供他们的年龄和地址，根据这些情况我们就能针对他们人口构成进行分析，以上这些情况有助于下一个活动项目组织者的工作。

上述信息可通过活动项目举办前、过程中或结束后的意向调查中得到，包括通过个人的采访面谈而获得。有时，一小组的参与者能够通过有针对性的小组讲座提供出有价值的情况信息。

以下的范例问题可包含于客户意向调查之中，并可作为一个非正式的活动项目的情况报告。然而，为获得更为可靠的报告，意向调查需要经过一个市场调研公司的设计和分析：您是如何发现这个活动项目的？为什么决定参加这个活动项目？您是何时决定来参加这个活动项目的？您是否与其他人员一起来参加这个活动项目？谁是主要决策者？这个活动项目如何能满足你的期望？交通／泊车是否恰当？你是否感到物有所值？席位、音响和视觉效果是否恰当？您是否还会参加这个活动项目？您为什么会把这个活动项目推荐给他人？您认为将来应如何改善此活动项目？

参考文献

[1] 张杨生.生态理念指导下的体育运动训练馆环境建设[J].环境工程.2021（11）：237.

[2] 吕翠芹，王颜斌.食品营养管理对于体育运动的影响研究——评《食品营养与健康（第三版）》[J].食品安全质量检测学报.2022（7）：2378.

[3] 张志刚.食品营养对体育运动的影响——《食品营养与健康》评述[J].食品与机械. 2022（5）：244-245.

[4] 宋金豹，都昊.体育运动与营养摄入对身体健康关系的影响[J].食品安全导刊.2022（12）：100-102.

[5] 朱杰，苏玉凤.论体育运动的性别秩序——基于身体体现、再现与表达[J].浙江体育科学.2022（5）：20-25.

[6] 张子婧，李倩.高危体育运动的风险防控与法律监管[J].福建体育科技.2020（6）：21-23.

[7] 毛姝.健身还是娱乐：阳光体育运动的意义、功能及特征研究[J].湖北开放职业学院学报.2021（2）：89-90.

[8] 郭庆国.安全教育视域下学生体育运动技能的培养——评《体育与生命安全教育》[J].安全与环境学报.2021（2）：913.

[9] 孙荣.高职院校"阳光体育运动"发展对策研究——以天津为例[J].天津职业院校联合学报.2021（6）：87-90，95.

[10] 王楠.体育运动中摩擦力学表现——评《摩擦学原理》[J].摩擦学学报.2021（3）：454.

[11] 楚琳.音乐在体育运动中的功能研究[J].大众文艺.2014（21）：165.

[12] 闫玉峰，张玲燕，马春银."神曲"模式在体育运动中的应用[J].体育文化导刊.2017（8）：198-202.

[13] 李桂华.音乐在体育运动中的功能作用[J].星海音乐学院学报.2004（4）：

90-91.

[14] 左宁宁, 刘吉安. 有氧舞蹈的内涵研究 [J]. 赤峰学院学报（自然科学版）.2014（20）：162-163.

[15] 胡水东. 将拉丁舞融入中小学阳光体育运动的可行性分析 [J]. 当代体育科技.2018（33）：239-240.

[16] 罗国燕. 浅析运动舞蹈在高校公体课开展的现状 [J]. 当代体育科技.2020（9）：147-149.

[17] 陈婷, 张月娟, 杨文豪. 藏族踢踏舞在阳光体育运动中的推广价值 [J]. 学周刊.2015（12）：41.

[18] 潘馨培. 浅谈健美操的音乐选择及教学应用 [J]. 通俗歌曲.2016（3）：141.

[19] 宫佳明, 孙博, 杜娟. 音乐与体育的相互作用及影响研究 [J]. 齐齐哈尔大学学报（哲学社会科学版）.2012（4）：179-180.

[20] 杨春艳. 藏族锅庄舞在阳光体育运动中的推广价值 [J]. 新乡学院学报（自然科学版）.2011（1）：79-81.

[21] 罗林. 从产业与文化的互动关系论我国休闲体育产业的发展 [J]. 北京体育大学学报.2006（12）：1645-1647.

[22] 朱寒笑, 苗大培. 论运动休闲的哲学意蕴 [J]. 北京体育大学学报.2006（2）：153-155.

[23] 席玉宝. 从体育运动的演变及休闲特征论体育休闲 [J]. 北京体育大学学报.2006（1）：11-13.

[24] 卢锋. 休闲体育概念的辨析 [J]. 成都体育学院学报.2004（5）：32-34.

[25] 王丽岩. 休闲体育：人性的回归 [J]. 沈阳体育学院学报.2004（2）：204-205.

[26] 卢锋. 休闲体育的社会功能探析 [J]. 成都体育学院学报.2004（2）：1-4.

[27] 刘子众. 中西方休闲体育之差异 [J]. 体育学刊.2003（4）：34-36.

[28] 于可红, 梁若雯. 从休闲的界定论休闲体育 [J]. 中国体育科技.2003（1）：4.

[29] 崔凤华, 李桂芝. 休闲体育运动对人体健康的积极作用 [J]. 石油教育.2002（5）：108-109.

[30] 彭文革. 论休闲运动教育 [J]. 武汉体育学院学报.2002（4）：12-13, 18.

[31] 陈新.发展初期的中国运动休闲市场[J].体育学刊.2003（3）：21-24.

[32] 李云林.浙江省运动休闲发展的战略思考——在2008浙江体育产业发展论坛上的致辞[J].浙江体育科学.2009（2）：1-3.

[33] 唐人元.富阳：打造"运动休闲之城"[J].今日浙江.2008（8）：48-49.

[34] 唐人元.体育的名义，运动的理由——富阳彰显"运动休闲之城"特色[J].杭州通讯（生活品质版）.2008（2）：10-14.

[35] 刘松.城市运动休闲项目分类及特征研究[J].赤峰学院学报（自然科学版）.2014（17）：86-87.

[36] 蒋燕.台湾地区运动休闲专业发展现状分析[J].体育科技文献通报.2013（4）：88-90.

[37] 麦雪萍，徐泽.论运动休闲与城市发展[J].体育文化导刊.2009（11）：30-40.

[38] 周丽君，郑夏童.运动休闲乡镇如何吸引人才？——一个理论框架的构建[J].中国体育科技.2023（2）：90-99.

[39] 余功进，李留东.内生式发展理论视角下我国运动休闲特色小镇发展模式研究[J].浙江体育科学.2022（1）：50-55.

[40] 宋忠良，徐潇，武鹏.黄山打造运动休闲健康城市研究[J].当代体育科技.2021（33）：1-3.

[41] 杨月敏.体育环境对社区体育发展的影响[J].体育文化导刊.2004（11）：43-44.

[42] 郑卸撮.保龄球产业低迷的因素及对策研究[J].体育文化导刊.2004（11）：45-46.

[43] 朱树豪.体育休闲产业与社会发展[J].体育学刊.2004（1）：1-3.

[44] 常乃军.体育在城市化进程中价值与功能的审视[J].体育文化导刊.2003（12）：10-12.

[45] 陈立，胡爱武.建设小康体育的社会学分析[J].体育与科学.2003（6）：28-31，27.

[46] 程杰，龚健.社会体育专业课程的设置[J].南京体育学院学报（社会科学版）.2003（5）：38-41.

[47] 张学忠. 试论体育文化在人的全面发展中的价值 [J]. 西北师范大学学报（自然科学版）.2003（2）：87–89.

[48] 侯德红，侯广斌，刘建平，张建萍. 我国与发达国家体育产业现状的比较研究 [J]. 武汉体育学院学报.2003（2）：23–25.

[49] 郭玉兰. 试论休闲文化建设的重要意义 [J]. 中共山西省委党校学报.2003（2）：72–73.

[50] 张岩，孙淑惠，李丹，宋晓东，卢锋，陈宁. 全面建设小康社会 构建全民健身体系 [J]. 成都体育学院学报.2003（2）：1–5.

[51] 陈治. 改革开放以来中国媒体体育宣传发展研究 [D]. 北京：北京体育大学，2010.

[52] 孙越. 中国体育管理专业发展研究 [D]. 北京：北京体育大学，2012.

[53] 汪流. 我国体育社团改革与发展研究 [D]. 北京：北京体育大学，2008.

[54] 谢松林. 上海市足球后备人才培养体系协同发展研究 [D]. 上海：上海体育学院，2020.

[55] 庞辉. 新疆少数民族传统体育发展研究 [D]. 北京：北京体育大学，2007.

[56] 李光. 时尚体育发展研究 [D]. 长沙：湖南师范大学，2016.

[57] 陆志成. 香港篮球运动员人才的形成与发展研究 [D]. 北京：北京体育大学，2011.

[58] 王晓晨. 东北近代体育的传播与发展研究（1911–1931年）[D]. 北京：北京体育大学，2016.

[59] 刘次琴. 转型期我国公共体育服务供给主体多元发展研究 [D]. 长沙：湖南师范大学，2019.

[60] 杨建营. 生态文明视域下的武术发展研究 [D]. 上海：上海体育学院.2010.